毕宝魁 主编

唐宋八大家故事丛书

苏轼故事

李丽 著

長春出版社

全国百佳图书出版单位

图书在版编目(CIP)数据

苏轼故事 / 李丽著. — 长春:长春出版社,
2013.1(2017.6 重印)
(唐宋八大家故事丛书 / 毕宝魁主编)
ISBN 978-7-5445-2608-1

Ⅰ. ①苏… Ⅱ. ①李… Ⅲ. ①苏轼(1036~1101)—
生平事迹—通俗读物 Ⅳ. ①K825.6-49

中国版本图书馆 CIP 数据核字(2012)第 269470 号

苏轼故事

著　　者:李　丽
责任编辑:孙振波
封面设计:尹小光

出版发行:长春出版社　　总 编 室 电 话:0431-88563443
发行部电话:0431-88561180　　邮购零售电话:0431-88561177
地　　址:吉林省长春市建设街 1377 号
邮　　编:130061
网　　址:www.cccbs.net
制　　版:渲彩工作室
印　　刷:吉林省良原印业有限公司
经　　销:新华书店

开　　本:165 毫米×230 毫米　1/16
字　　数:100 千字
印　　张:11.25
版　　次:2013 年 1 月第 1 版
印　　次:2017 年 6 月第 3 次印刷
定　　价:23.00 元

总序

一切功名利禄、荣华富贵都是暂时的，如过眼烟云，随着肉体的死亡而同时远去。只有道德文化是永恒的，精神产品永不磨灭，在历史上曾产生过巨大影响的精神产品更是如此。它们如同日月光耀长空，如同江河长流大地，将与人类的存在长相终始。

在精神产品中，最易流传，对后世影响最大者当数文学作品。曹丕说："盖文章，经国之大业，不朽之盛事。年寿有时而尽，荣乐止乎其身，二者必至之常期，未若文章之无穷。"李白说："屈平辞赋悬日月，楚王台榭空山丘。"杜甫说："尔曹身与名俱灭，不废江河万古流。"韩愈说："李杜文章在，光芒万丈长。"都是此意。春秋时期提出的"三不朽"观念中，道德文化便是其中的主体和核心。

中国古代的主流文学是诗文，即诗歌和散文。散文发展中，对后世影响巨大，直到如今依然被人们喜爱并津津乐道的莫过于"唐宋八大家"。但是，唐宋八大家离我们已千年，千年的历史进程将他们与我们的生活状态拉开很大的距离，我们对他们已很生疏，要真正理解他们的思想、性格以及反映在作品中的喜怒哀乐，就必须走近他们。

无论多么伟大的文学家，都是人不是神。他们与我们有许多相似的经历与情感，有许多相似的苦辣与酸甜，甚或遭遇过同样的坎坷与挫折，受到过同样的磨难与熬煎。古今的人性是相通的，故我们才有可能感知他们，走近他们。本着以今溯古，以己度人的精神，我们可以拨去历史的灰尘，用平等的眼光来看待这些历史文化的伟人，进入到他们的生活中去，与他们同呼吸共命运，使他们的精神复活，成为我们的知心朋友，成为我们现代精神家园中的楷模。

为此，我们设计了这套选题，为唐宋八大家中的每个人创作编撰一个故事集，从其人生中截取最能表现其性情、最有故事情节的事件，通过简明精炼的文笔描述出来。我们要求作者把严谨的学术研究和生动的文学创作结合起来，在对传主生平事迹进行坚实考证的基础上再进行合理的想象和虚构，写成既有学术性又有可读性的文学故事。为人们了解八大家之人品、之才气、之作品搭建一个桥梁，为阅读和学习写作创造一点氛围。

阅读欣赏是享受前人之成果，而更重要的是创作出文学的精品来供后人阅读和欣赏，这样才能在文化的长河中不断注入新的水流，因此更重要、更有实际意义的是创作。孔子曰："苗而不秀者有矣夫！秀而不实者有矣夫！"我们需要的不是苗，也不是秀，而是实。

为使这套书能够达到我们设计的要求，我们请很有学术功底而又有文学创作能力的中青年学者来执笔撰稿。虽然每个人的学术修养和写作风格各不相同，但本套丛书的总体结构还是基本一致的。

但愿本丛书能够给读者诸君带来一定的启迪和补益，则善莫大焉！

毕宝魁

2012年9月22日识于三千斋

前　言

文学史上父子兄弟并称并不少见，而三苏无疑是其中最光彩夺目的一组；三苏的成就有目共睹，而苏轼无疑是其中最辉煌杰出的一位。

谁都无法否认苏轼是千古奇才，他诗文辞赋样样精通，书法绘画堪称大家，美食、占卜、医药不愧行家里手，兼之谈禅悟道颇具慧根，兴修水利不在话下，上述只具一种就足以扬名，更何况是全才。乃至于会有他生彭老山枯，他逝彭老复荣的传说；会有神宗皇帝“李白也逊色于苏轼”的评语。

他虽天赋英才，却一生仕宦坎坷，皆因他持中守正，从不放弃亦不讳言自己的政治立场。王安石变法时，他因认为过于急功近利，而被划为旧党，遭排挤，自请外任；司马光上台时，他因反对尽废新法，再遭排挤，复请外任；新党小人再上台后，他受尽磨难、远贬海南；旧党再上台，他被召回朝，却客死归途。他虽屡遭打击，却始终乐观、旷达，因为他在儒家的主导思想中融会贯通了佛、道两家的精髓，也源于他开朗、幽默的天性。经历无比凶险的“乌台诗案”被贬黄州，他开荒东坡，自筑雪堂；迟暮之年，妻妾已逝，被贬荒凉的海南，他食芋饮水，九死不悔。儒家的“铁肩担道义”，道家的“风雨任平生”，释家的“随缘自适”在苏轼身上得到了完美融合与阐释。

他一生幽默、豁达，交游甚广，是个“上可陪玉皇大帝，下可陪卑田院乞儿”的随和之人。他可以做皇帝的秘书、宰相的朋友，也可以在所到之处寻方外之士谈禅论道，和乡野之民称兄道弟，相交甚欢。秦观、黄庭坚等或称苏门四学士，或称苏门六君子都甘心在其门下自居。有关他的交游趣事或实或虚，不胜枚举。

他虽坎坷却也幸运，上有慈母知书达理，激励他少有壮志；严父饱读诗书，教导他读书为文；得遇恩师欧阳修，帮助他顺利步入文坛、政坛。中有知己手足，陪伴他一同读书、成长、科考，悉心照顾老父亲，为他了却后顾之忧，和他同在仕宦中沉浮，书信往来，相互慰藉，为他料理后事；先后有精明、干练的王弗辅佐他初入仕途，贤惠、沉稳的王闰之与他相濡以沫，聪慧、灵秀的朝云懂他、敬他、陪伴他；有诸多志趣相投的朋友，无论他得势还是失势都陪他或舞文弄墨，或谈禅论道。下有苏迈、苏迨、苏过三个聪明、孝顺儿子，尤其幼子苏过最具才干，苏轼暮年被贬海南他始终陪伴，不离左右。

他为官尽心竭力，爱民如子，为人豁达坦诚、睿智幽默，因此深得千百年来各个阶层的爱戴，关于他的逸闻趣事层出不穷。他如此广博、丰富、生动，以至于千百年来无数文人墨客、学者大家研究他、解说他，却难以说尽。基于此，本书只能在立足真实性的基础上，力求生动地选择了他的三十三个有代表性的、多涉及诗词文赋的故事。书中故事以其一生履历的先后为序，希望这些故事能为大家大致勾勒出苏轼的精神风貌，使大家能够细致地了解所涉及作品的创作背景，以至于能更好地理解作品。

李丽

2012年4月25日于大连

目录 | CONTENTS

31 把酒问月赋深情

初来密州，面对天灾人祸、艰苦的生活，苏轼曾一度陷入苦闷。重读《庄子》，使苏轼能以达观、超脱的姿态对待人生苦难。《水调歌头》当是这一心路历程的诗意写照。

35 密州出猎展豪情

常山祈雨的归途，苏轼和僚属一时兴起会猎铁沟。鹰飞犬走，千骑卷平冈的壮阔场面，激起了苏轼慷慨报国之志，乘兴写下《江城子·密州出猎》。本词是后世公认的苏轼的第一首豪放词，标志着一种新词风的正式形成。

39 抗洪筑堤建黄楼

徐州洪水围城，苏轼亲赴第一线指挥抗洪，终于保全了徐州城，拯救了城中百姓的生命，显露出卓绝的胆识才干。

44 梦断燕子楼赋词

燕子楼中的关盼盼在风华绝代之时，为了坚守一份曾经的爱情，在小楼之上孤独地度过了十多年，最后绝食而死。二百多年后的苏轼夜宿燕子楼，午夜梦回，行遍小园，生出无限感叹，了悟古今同梦。

47 根到九泉无曲处

祸从口出，言论向来是政治斗争的工具，必须时刻提防被人抓住言论的“小辫子”。苏轼有何罪？只不过是木秀于林、堆出于岸，声名太高、影响太大罢了。

52 “乌台诗案”一命悬

御史台，因官署内遍植柏树，常有乌鸦栖息筑巢，而被称为“乌台”，通常人们也用来戏指御史们都是乌鸦嘴。元丰二年，这里掀起宋代历史上最引人瞩目的一场政治风波。

58 “河东狮吼”陈季常

陈慥，字季常，我们对他的了解往往限于“河东狮吼”的成语，实际上，这是黄州一个豪爽的隐士。陈慥本来有条件做官，更有条件过富足享乐的生活，但他偏偏隐居山间。他的人生轨迹和生活态度对我们有很大的启迪。

一次因为同情。但没有住上理想宅院的苏轼却留下千秋佳话。仅此一事就足以证明他的高尚！

109 无愧五日登州府

苏轼在登州仅任职五天，却积极作为，深入了解民情，解决了长期困扰当地百姓的“官盐”问题。

113 误挂世网动惊俗

经历诸多的起伏波折，苏轼对新法已有新的认识。重入京城官邸，苏轼本性难移，实事求是，直抒胸臆，渐为以司马光为代表的旧党阵营所不容。

119 难逃法眼的名画

李公麟是当时著名的大画家，他的《贤己图》画得非常精妙。可名人名画也逃不过大方之家苏轼的法眼。

123 再任杭州治西湖

“苏堤春晓”和“三潭印月”是苏轼再来杭州的杰作，达到了实用性和艺术性的完美合一，也为后世提供了两个有吸引力的旅游景点。

128 力阻开挖八丈沟

中书省下文开挖八丈沟，苏轼亲自勘察了解，为民请命，表现出一个正直士人对于国家百姓的天地良心，反复上奏，终于使朝廷收回成命。

132 可怜“先辈”读书人

一个上了年纪的书生为节省考试的费用，冒充苏家信使，被苏轼逮了个正着。苏轼将计就计，成全了这个读书人。

136 伤心一念偿前债

朝云跟随着苏轼辗转各地，流放岭南也不离不弃，为一曲伤春词潸然泪下，感慨生命无常，最后也同苏轼一样淡然看待生死。

142 不辞长作岭南人

苏轼晚年被贬到被称为瘴疠之乡的岭南惠州，不但随遇而安，还颇能苦中作乐。乐观通达的人生态度，是同样屡遭磨难的弟弟苏辙很难想象的。

千古警世母子言

十岁的苏轼在听母亲讲《后汉书·范滂传》时，提出一个尖锐的问题，母亲的回答大义凛然，足以站在历史上最伟大的母亲行列。

宋仁宗景祐三年农历十二月十九日（公历1037年1月8日）卯时，清晨的曙光透过窗纸照进四川眉山城的苏宅，一阵婴儿的啼哭声，划破了黎明的寂静，也使一直守候在房门外的男主人苏洵一颗悬着的心终于放了下来。他来回踱步，在焦急等待着是儿是女的消息。

不一会儿，接生婆出来向他道贺喜得贵子，这个刚刚降生的婴儿就是中国文学史上赫赫有名的大文豪苏轼。对于人到中年而膝下子女多早夭的苏洵夫妇来说，这个男孩的降生让他们欣喜若狂，对于当时的文坛和中国文学史来说，这个孩子也确实是贵人。

顺便说明一下，文学史书或其他关于苏轼的文字，在生年方面一直存在差别，以前大部分书上标注苏轼生年是公元1036年，最近许多书上则标注为公元1037年，便是这种阴阳岁差造成的。苏轼降生是丙子年，还没有到大寒，故其生肖为鼠，是没有问题的。但如果按照阳历，则是元旦以后，属于 1037 年。这样，如果标注公元生年的话，当然应该是 1037 年。

眉山县城虽不太大，却极其秀美，尤其境内的彭老山，山形圆润，草木丰泽，深受大家喜爱。传说景祐四年春天，彭老山的草木没有像往年那样茂盛起来，而是莫名其妙地大片大片枯死。县城里的人们议论纷纷却终究没有找到原因，此后几十年都如此，直到苏轼辞世以后，彭老山又莫名其妙地恢复了从前的郁郁葱葱，人们这才恍然大悟，苏轼的身上聚集了太多的天地灵气，使得彭老山因他而荒芜。这虽然只是一个传说，却反映出我们传统文化中天人感应的思想和人们对苏轼才情的钦佩。

转眼间，十年已去，苏轼在乡校读书也两年了，每每被道士张易简老师称赞，是张道士近百名学生中最得意的一个。不过随着父亲即将负笈远行，游学求宦，苏轼兄弟也将退出乡学，由母亲来教授。

一个春天的清晨，远山刚刚透出些许亮光，一弯残月斜挂在天边，苏洵要出发远行了。苏轼兄弟也没等人叫就早早起来，昨晚父亲已再三嘱咐二人，要在家里多用功，听母亲的话。吃过早饭，大家送父亲出门，母亲仔细查点过父亲的行囊，又嘱咐仆人要多费心，苏轼兄弟始终跟在父亲左右，父亲恋恋不舍地摸着他们的头，牵起他们的手放在了母亲程氏的手中，语重心长地说："夫人，辛苦你了，一家老小就托付给你了，尤其是轼儿、辙儿兄弟的学业。"

程氏平静地对丈夫说："家里的事，孩子的学业，你无需挂念，你要好好照顾自己，功名之事尽力即可，也不必太在意，早去早归。”父亲又嘱咐了一些话，转身上了车，仆人扬起马鞭，车子慢慢启动，车轮滚滚，父亲从车窗中探出头喊着：“早些回屋吧，天还冷，别冻着孩子们。”大家则挥着手喊着“路上小心，早点回来”。直到马车消失在视线中，大家才转身回屋。

此后，程氏日日督促兄弟早起读书，给他们讲授经史子集，兄弟二人一日不曾懈怠，用功非常。一个烈日炎炎的盛夏午后，弟弟苏辙年幼又早起，读了一上午书，不免困乏，母亲让他回房小憩。书房中只剩下苏轼母子，程氏说：“轼儿，我们来继续讲解《后汉书》吧，该讲《范滂传》了。”

接下来，程氏讲到了东汉后期的宦官专政，以及以窦武等“三君”，李膺、杜密等“八俊”，范滂等“八顾”为首的一些为官清廉的当世名士起来反对宦官专权误国，被宦官以“党人”罪名加以禁锢的情形。

汉灵帝建宁二年（169），在第二次党锢之祸中，大肆捕杀党人，范滂不愿累及他人，主动去投案，临行前他去和母亲诀别，他安慰母亲不要伤心、悲痛。讲到这里，程氏停了一下，问苏轼：“他母亲会怎样回答？”苏轼想了想，没敢轻易回答，说道：“孩儿想不出，母亲还是早点告诉我吧。”程氏表情严肃，慷慨激昂地说：“他母亲回答说，你今天能有幸和李膺、杜密齐名，虽死又有什么遗憾呢。既得到美名，又想长寿，怎么可能兼得？母亲的话坚定了范滂的决心，后来他死在狱中，年仅三十三岁。”程氏说到这里激动得说不出话来，苏轼听后也感慨不已，不禁脱口问道：

“母亲，孩儿日后如果做了范滂，母亲您会许可吗？”程氏深情地看了一眼十岁刚出头的儿子，然后坚定地说：“你若能做范滂，我为何不能做范滂的母亲呢？”苏轼听后暗下决心，自己日后要加倍努力，成为像范滂那样德才兼备的国之栋梁。

卓绝之士，自然天赋超常，却也离不开后天的教育、引导，而对年幼的孩子来说，母亲的影响是至关重要的。母亲的言传身教潜移默化地塑造了孩子的心灵，奠定了一个人个性、品质的根基。苏轼何其幸运，得天地之灵气，禀赋聪颖，又得良母教诲，不仅习得知识、文章，更培育了他公正、刚直的品格。

难得的考官考生

苏轼一举中第，除其学识与才气外，遇到开明而渊博公正之主考也是重要原因。他们相互倾慕的情谊令人艳羡而光照千古。

北宋嘉祐元年(1056)五月，京城汴梁，此起彼伏的叫卖声夹杂着看杂耍、听说书观众的叫好声、欢笑声，好一派热闹繁华景象。熙熙攘攘的人流中风尘仆仆的苏洵父子三人在缓步前行，他们三月离开家，经陆路、水路的长途跋涉，两个多月才到汴京。

苏轼兄弟虽是第一次来到汴京，却因八月就要参加开封府府试，在父亲督促之下终日忙于备考，竟没有时间走出去好好逛一下他们一心向往的京城。

很快到了八月，兄弟如期参加府试，没费什么力气就顺利地通过。而按当时规定，府试录取之后还要参加第二年一二月份由礼部主持的省试，如还能通过，就有资格参加由皇帝亲自主持的殿试了，殿试结束后会张挂黄榜公布，即俗称的“金榜题名”。

兄弟二人潜心备考第二年正月的礼部考试，终日闭门不出，而父亲苏洵因此前科考一再失利，早已无心于此，转而另谋出路，忙着去欧阳修、富弼、韩琦等府上投书，竟也引起了他们的关注。

第二年正月，礼部试开考在即，大家都在议论主考官和录取标准。这一年礼部试的主考官不是别人，正是时任礼部侍郎、翰林侍读学士的欧阳修。欧阳修当时正在致力于革新文坛矫揉、奇诡文风，与一批志同道合之士发动诗文革新运动。这次他被任命为主考官，正是难得的良机，因科考成绩决定士人命运，而主考官有权确定评文标准，他便抓住这种最好的时机推动诗文革新。欧阳修明确规定应试诗文必须言之有物，平易流畅，对于奇诡、艰涩、浮华之作一概予以剔除。

消息传开，不免引来世人议论，他所反对的正是当时最流行的诗文风气，在太学中是主流文风。而他的主张恰恰符合苏轼兄弟的文风，是苏轼兄弟一榜中第的关键因素。苏东坡兄弟有幸，第一次参加科举考试便遇到欧阳修这样开明而有水平的主考，顺利登第，开始新的人生旅途。

礼部试那天，苏轼按考前已排定好并张榜公布的座次找到自己的位置，进入斗室之中，埋头答了起来。考试政论的题目是《刑赏忠厚之至论》，苏轼文思泉涌，初稿完成后又反复润色，完成一篇六百多字的优美论文，而这篇应试文章竟成为千古传诵的名篇。

为保证科举考试的公正、公平，到宋代则改革唐代主考官和评卷人直接可以看到考生姓名的做法，而是采用糊名制。即试卷交上来后，要先糊名，编号，再交书吏誊录，对读无误后再交考官评阅，而所有考官从受命之日起同时进入试院，一直锁宿在试院中，直到放榜之日才可以离开。

试卷要经三级评定，最终确定等级，即先经点检官批定分数，然后经参详官审查所定等级是否恰当，最后交知贡举官（主考官）决定去取高下。且说苏轼的试卷交到了参详官大诗人梅尧臣的手中，梅尧臣细细读过，大为称赏，当他把试卷交给主考官欧阳修时，极力推荐将此篇作者排在第一。欧阳修一口气读完这篇文章，不觉赞叹不已，本想将它排在第一，却转而想到如此严谨、流畅的文章应当是高足曾巩所写，若列为第一，真是曾巩，难免别人会说三道四，而且其中有一个论据好像没有出处，似乎是考生杜撰的，这是写论文所忌讳的。最后忍痛割爱将其列为第二，苏轼因此没有当上状元。

苏东坡虽然屈居第二，不过在礼部复试过春秋对义后，苏轼还是排在了第一。苏辙也列入榜中，兄弟二人均以优异的成绩通过了礼部省试。

转眼间到了三月，科考的最后一关殿试的时间到了，那一天北宋皇宫崇政殿分外庄严，当朝的仁宗皇帝高高在上，看着天下英才尽入彀中自然高兴。而苏轼兄弟毕竟年少，第一次进入皇宫，难免有些紧张，但答卷发挥还算是正常，而且殿试一般不淘汰，因此兄弟二人同榜登第，成为进士。

由于欧阳修的推荐，仁宗皇帝开始考试时就注意这两位来自蜀中青年才俊的表现，对于他们的表现非常满意。

忙碌了一天，很疲惫的仁宗回到后宫，仍不忘对自己的皇后称赞苏轼兄弟，说道："我为子孙后代找到了两个堪当宰相的人才。”兄弟二人同时高中，苏轼赐进士及第，苏辙赐同进士及第，欣喜万分。

父亲苏洵在欢喜、欣慰之余，不免感慨万千，长叹道：“不要说科举考试容易，对老夫来说难如登天；不要说科举考试艰难，对两个小儿易如拾草芥。”

在封建社会里，科考及第的考生和当年的主考官自然成为师生关系，一同及第的考生成为同学，互称“同年”，是此后人生的重要人际关系。

按常规，放榜后考中的考生要到主考官家中拜访答谢，或者写信表示谢意。一日天气晴好，苏轼兄弟在父亲的带领下，轻车熟路地来到了欧阳修府前，通报过后被让进府中，苏轼呈上答谢信，欧阳修连连称赞苏洵教子有方，又与父子三人谈天说地地聊了起来。

不知不觉到了快要用餐的时间，父子三人连忙起身告辞，欧阳修忍不住问苏轼道：“子瞻，日前你考试时在《刑赏忠厚之至论》中引用的‘皋陶曰杀之三；尧曰宥之三。’这一典故出自何处？老夫思来想去实在想不起来了。”苏轼略一思索，答道：“恩师，此典在《三国志·孔融传注》中。”

送走三人，欧阳修急忙走回书房，找到《三国志》，在《孔融传注》中翻来覆去地细细找了几遍，却始终没找到。而此前他和老朋友梅尧臣就此典故出处探讨过，二人都觉此典用得极妙却都不记得见过，没想到从苏轼口中问过后依旧找不到。

过了几天欧阳修又碰到了苏轼，就问他：“子瞻，《三国志》中并不曾有你所说的典故呀?”苏轼听后,从容答道:“恩师,书中写道曹操将袁熙的妻子赐给自己的儿子曹丕,孔融说周武王曾把妲己赐给周公,曹操问哪本书记载了这件事?孔融答从今天发生的事可以推断出,当年差不多会如此。皋陶、尧的事,也是我推断出的。”欧阳修事后将此事告诉了梅尧臣,连连称赞:“这个年轻人可以称得上擅读书,擅用事,以后他的文章必然会独步天下。”

再说苏轼呈给欧阳修的那封答谢信《谢欧阳内翰书》,只用了四百多字简明扼要地分析了宋朝开国以来的文风流弊及其成因,显示了苏轼的深刻见识和高妙文笔,欧阳修读后连呼“痛快!痛快”!转身对自己儿子说:“三十年之后没人会谈论我了。”并且在给朋友梅尧臣的信中赞不绝口地称赞苏轼,还说:“读苏轼这封信,我不觉直出汗。痛快!痛快!我该为此人让路了,放他出头。可喜呀!可喜!”欧阳修当时身为朝中重臣、文坛领袖,对人的一句褒贬,足可以影响人的一生,因为他接二连三的称赏,苏轼很快成为名满天下的新秀,能遇到欧阳修是苏轼的一大幸事。

苏轼的旷世奇才,足以令父亲、考官、皇帝叹服,自然令人称羡。而欧阳修识才、爱才表现出的胸怀、气度同样值得世人学习、赞叹。

大才兮,苏长公!大德兮,欧阳文忠公!

兄弟的初次久别

童年嬉戏,少年读书,青年赴试中举,苏轼兄弟从未长久分开过。步入仕途,离别转瞬来到眼前,从此对床夜语这等简单的心愿,更多的时候也只能成为梦境和奢望。

为母守孝期满之后,苏轼兄弟携带着家眷随父亲举家前往汴京。嘉祐五年(1060)二月抵达京城,安顿好家小后,朝廷任命苏轼为河南府福昌县(今河南宜阳县西)主簿,苏辙为河南府渑池县(今河南渑池县)主簿。听说第二年将举行制科考试,兄弟俩都辞不赴任,准备应试。"制科"不同于三年一次的"进士"、"明经"一类的"常举",是由皇帝下诏而临时设置的科举考试科目。宋代制科,分为阁试、殿试两级,未仕、已仕者均可参加。参加者须经大臣举荐,先由六名考官在秘阁举行"阁试",阁试分五等,入前四等方可参加皇帝亲自主持的殿试,殿试合格者分五等,一二等不授人,第三等即为上等。因为制科不定期,次数少又极其严格,所以,制科出身荣耀远超出进士及第。

为了在这次难得的机会中一显身手,苏轼兄弟从家中搬出来,寓居怀远驿,专心读书备考。宁静的夜晚,苏轼兄弟苦读之后,舒舒服服地躺在各自的床上,漫无边际地闲聊着,童年的趣事，读书的心得，对未来的憧憬等等，聊得尽兴而惬意。而随着考试的日益临近，真正的仕宦生涯也即将开始，这也意味着兄弟即将离别，意识到这一点，兄弟二人也不免感伤。

一个风雨交加的夜晚，雨打窗棂，透进丝丝凉意，二人不约而同地想起了唐代诗人韦应物《示全真元常》中“宁知风雨夜，复此对床眠”的诗句，感慨兄弟相伴的快乐时光即将结束，如此风雨之夜的对床夜语，不知今后何时才会再有。兄弟相约，实现了兼济的人生价值，完成了社会责任，定当舍弃高官厚禄，及早隐退，同归故里，重温兄弟相守的快乐时光。而这个约定虽然至死也没有实现，却无数次在他们赠答的诗篇中提到，成为遥远别离，坎坷仕宦中的慰藉与希望。

嘉祐六年(1061)八月，苏轼兄弟在参加了“贤良方正能直言极谏科”考试。苏轼凭《王者不治夷狄论》等六论考入第三等。这实际上是最高等级。据《宋史》记载：自宋以来，制策入三等，惟吴育与轼而已。苏辙也列入第四等。苏轼被授予大理评事、签书凤翔府(治所在今陕西凤翔)签判的官职，其中大理评事是负责刑狱的京官，签判是州府中掌管文书的官职。苏辙被任为商州(治所在今陕西商县)推官，推官是州府中掌管审案的官职，都是正八品官职。宋代官制分为“官”、“职”(殿阁职称，如某某殿学士)、“差遣”三种，前两种是虚位，不设实职，第三种是实际职务，这里的大理评事是“官”，签判是“差遣”。父亲苏洵免试启用，奉命在京修礼书，为照顾老父亲，苏辙奏请留京没有赴任。

嘉祐六年十一月初冬，接到任命的苏轼带着妻子王弗、幼子苏迈踏上了前往凤翔的行程，从此正式开始了他的仕宦生涯。这一年苏轼二十六岁，风华正茂、血气方刚，充满了理想和抱负。临行前父亲的嘱咐自不在话下，弟弟苏辙更是骑马相随几十里，一直将苏轼送到了郑州西门。二十几年的人生相伴，兄弟二人从未长久分离，然而别离就在眼前，无法回避。站在郑州西门外，兄弟俩依依不舍，无语凝视。那况味，只有经历过的人能够感受到。

暮色慢慢降临，夕阳将兄弟二人的身影拉长又拉长，苏轼握着苏辙的手说："送君千里终有一别。子由，快点回去吧，父亲就拜托你照顾了。你自小性格沉稳，为兄很放心，只是辛苦你了。"苏辙答道："哥哥哪里的话，这本是我分内之事。哥哥自己多保重，在外为官要小心谨慎，兄弟回去了。"说完又和王弗道别，转身离去，一步三回头。

初冬的北方，格外清冷，茫茫积雪，丛林旷野都淹没在一片银装素裹之中，只有弯曲的古道被行人踏出土色，在一道斜阳的映照下随着地势时隐时现。

苏轼站在高处，远望着弟弟颀长的身影在瘦马上起起伏伏，随着古道时隐时现渐行渐远，直到消失在一片苍茫暮色中，不禁泪眼婆娑，生出无限不舍之情，提笔写下一首诗《辛丑（嘉祐六年）十一月十九日，既与子由别于郑州西门之外，马上赋诗一篇寄之》：

不饮胡为醉兀兀，此心已逐归鞍发。

归人犹自念庭闱，今我何以慰寂寞？

登高回首坡垅隔，但见乌帽出复没。
苦寒念尔衣裘薄，独骑瘦马踏残月。
路人行歌居人乐，童仆怪我苦凄恻。
亦知人生要有别，但恐岁月去飘忽。
寒灯相对记畴昔，夜雨何时听萧瑟？
君知此意不可忘，慎勿苦爱高官职！

苏轼一行缓缓前行，几日后，快到渑池时收到了弟弟派人送给自己的一首诗《怀渑池寄子瞻兄》：

相携话别郑原上，共道长途怕雪泥。
归骑还寻大梁陌，行人已度古崤西。
曾为县吏民知否？旧宿僧房壁共题。
遥想独游佳味少，无言骓马但鸣嘶。

五年前，即嘉祐三年(1058)，兄弟二人在父亲带领下赴京城赶考，曾路过这里，当时他们骑的马死在了渑池西边的崤山，没办法只能骑着买来的驴来到渑池，并借宿在县里的寺庙中。庙里的主持奉闲和尚非常热情地款待了他们，临行前他们还在寺院的墙壁上题诗留念。弟弟的诗充满了怀旧的情调和对人生不定的慨叹。

苏轼读着弟弟的诗作，眼前不由得浮现出青春年少的情景，于是一到渑池，他就迫不及待地前往奉闲和尚的寺院，想和老和尚好好叙叙旧。当他兴冲冲地来到寺庙时，眼前的景象让他大吃一惊，五年前幽静整洁的寺院竟已残破不堪，老和尚奉闲也已经坐化，骨灰埋葬在庭院中，上面筑起了一座新塔（和尚死后不用墓葬，常是火化后筑塔来埋葬骨灰），而曾经题诗的墙壁早已颓坏，所题诗句也不可复见，苏轼在寺院中徘徊了很久，在老和尚的塔前走了好几圈，不禁感慨人生的变幻无常，提笔给弟弟回赠了一首诗《和子由渑池怀旧》：

人生到处知何似？应似飞鸿踏雪泥。
泥上偶然留指爪，鸿飞那复计东西？
老僧已死成新塔，坏壁无由见旧题。
往日崎岖还记否？路长人困蹇驴嘶。

苏轼在诗中捕捉了瞬间的人生感悟，以“雪泥鸿爪”的比喻形象阐释了人生的偶然性和变化无常，透露了他初入仕途的迷惘，以及由无常而觉悟的超然品格。这首诗也以其生动而富含理趣被广为传诵。

此后三年，苏轼在凤翔为官，苏辙和妻子在家中侍奉父亲，兄弟之间只能靠书信往来，诗词唱和，互相关心，互相鼓励，成就了一段文坛佳话，后人称之为“岐梁唱和”。兄弟之间的深情厚谊丝毫没有因为时间和距离而淡薄，反而进一步增强了彼此之间的情感。终苏轼一生，弟弟苏辙始终是他最值得信任、最可以托付的兄弟，兄弟之情也是苏轼最值得珍惜、最感温暖的情谊。

挥笔画扇解纠纷

绸缎商和扇子小贩陷入经济纠纷,一方卖物要钱,合情合理,一方穷途末路,情有可悯。两难之际,苏轼急中生智,挥洒笔墨,两全其美。

宋神宗熙宁四年(1071),苏轼以通判的官职到杭州走马上任。

本来避乱而来,心里免不了有些无奈,有点失落,但真正来到风景名城杭州,苏轼的心情豁然开朗。这时的杭州总体来说繁荣富庶,苏轼公务不多,闲暇的时候游玩赏景、交朋饮酒、吟诗作画,苏轼诗人的天性得到杭州天然风物的滋育,如鱼得水。

苏轼的公职是杭州通判,通判之职位虽只有从八品,却极为重要,是宋朝为了防止州郡官尾大不掉,在州郡作为副职设置的,与权知军、州事共同处理政事,其职责为:"凡兵民、钱谷、户口、赋役、狱讼听断之事,可否裁决,与守臣通签书施行。"此外还有一个更重要的职责:"所部官有善否及职事修废,得刺举以闻。"简而言之,通判一职,既是州郡官的副职,又起着对地方官的监察作用。所以作为通判的业务之一就是当法官,苏轼这个法官当得非常与众不同。通常法官都是面沉似水、不怒而威,怒而叫人魂飞魄散;通常法官断案的公堂不是冷凝肃杀,阴森可怖,至少也是庄严威武的氛围。可到了苏轼这里,全然不是这样。苏轼审案没有专门的大堂,大事小情、好的坏的,都在冷泉亭处理,亭子就在水光潋滟、烟柳画桥、景色宜人的西湖边上;"大堂"上的法官苏轼神情洒脱,一边赏景,一边办公,谈笑风生!一番风轻云淡的景象,哪里像审讯下判?

可任谁不敢苟同,苏轼就是这样做法官,不屑于装腔作势。看似优哉游哉,实际头脑清明,据实酌情,断案利落,下笔如风。这种风格一直延续着,到第二次来杭州任职一如既往,这是后话。

这是秋高气爽的一天,冷泉亭中,苏轼鹤巾青衫,召集来一些杭州诗友们,兴致勃勃地谈论着诗文。谈兴正酣,忽然一阵急促的击鼓声传来,属下前来禀报,有人告状。苏轼毫不怠慢,马上向诗友致歉,换上官服开始办公。

告状人被带到亭中。苏轼这样风光无限好的大堂让他有点发蒙,可也没胆量和时间心猿意马,赶紧递上状子。苏轼接过来看,原来告状人是以卖丝绸布匹为生的商人。去年冬天,被告——以做扇卖扇为生的小贩,从他这里赊了总价合两万钱的绫绢,写好契约说半年以后扇子卖完了,补还赊欠的钱,可是半年过去了,扇子小贩没有兑现承诺,眼看秋天马上过去,下一个冬天都要来了,几次要账,扇子小贩一再拖延,没有付账的意思。没有办法,丝绸商来苏轼这里告状,希望要回钱。

苏轼看完状子,赶紧命人把被告招来询问。扇子小贩面容憔悴,怯生生地说道:"没如期还钱确是我的错,但我并不是故意赖账。我家以制扇为生，以前也从他家进货，从未拖欠过货款，可是偏赶上今年我父亲生了重病，治病花了很多钱，刚刚去世，丧葬事宜又花了一些钱。而自今年春天以来天气很凉，接连下雨，做好的扇子根本卖不出去，我也是万般无奈，实在无钱可还。”说完，垂头啜泣起来。

苏轼问告状人：“被告所说的都是实情吗？”

告状人说：“是没有假话。可我赚钱也不容易，就指望着这两万钱周转做生意呢，眼看就支撑不下去关门，家里就没有生活来源了。”

苏轼听完一边告状人的话，看看另一边厚道老实、一筹莫展的被告，心下思忖：欠账还钱，古之通理；借钱不还，于法不容，于理不通。可眼下被告的光景实在可怜，再逼迫下去就家破人亡了，于情不忍，于心不愿。苏轼心情沉重，沉吟半晌，不知道如何是好。苏轼有点烦躁地起身，不小心衣袖碰掉了桌上判案的毛笔，忽然灵光闪现，有了主意。苏轼叫扇子小贩立刻起身回家，把没卖出去的扇子取来二十把，并说：“我帮你卖扇。”

小贩心想：每把扇子也就两文钱，二十把卖的钱比起两万钱九牛一毛啊？怎么可能还上那么多债呢！法官是不是糊涂了啊？可是脚下也不敢停顿，很快，扇子拿来了。苏轼叫人拿过二十把扇子展开扇面，拿起判案的毛笔刷刷在扇面上挥洒起来。

众人以为苏轼在写判词，不敢上前看究竟。不多时，苏轼放下笔，叫小贩过来收扇，并嘱咐：“快出去卖扇子，每把扇子至少能卖一千钱，卖完二十把得钱应该在两万钱以上，还了人家，就此结案。”这下众人才看清，原来苏轼是在扇面上作画！有的画的是石头，有的画的是竹子，有的画的是枯木，有的还书写了行书、草书。

扇子小贩不懂其中奥妙，心里叫苦不迭，只得流泪答谢苏轼。谁知道刚出来，就被闻讯看热闹的人围住问东问西，小贩无精打采地说：“别问了，我这里有苏大人作画留笔的扇子，一千钱一把，有谁要吗？”

围观的人听小贩这话，异常兴奋，蜂拥而上争相买扇子，片刻，二十把扇子被抢购一空。没带钱的和没抢到的，只好非常沮丧地离开。扇子小贩握着两万钱，又惊又喜，惊的是法官大人书画声誉之高，喜的是自己马上就可以还清欠款了。

与那些执行严刑峻法的酷吏相比，苏轼执法情感色彩很浓，有点以情待法，但只要使双方得到公正的裁决和待遇，这又何妨呢！

《事林广记》中还记载了这样一个故事：

苏轼作杭州知州时，审判一个特殊的过失杀人案。被杀者是妓女，叫李秀奴。杀人者是和尚，叫了然。苏东坡一见案卷，很是生气，立刻传犯人上堂。

苏轼仔细打量此人，只见其身体健壮，愁眉苦脸。袈裟已破，裸露的左胳膊上隐约有朱红色的字，便问道：“了然，即是出家之人，为何不守佛门清规，竟敢如此无法无天，草菅人命。对于这个判决，你可服从？”

了然当然表示服从。苏东坡又问了然胳膊上是什么字，为何而刺。了然禀告，说是为李秀奴所刺。苏轼亲自下堂去看，只见从肩到小手臂，共刺十四个字："但愿同生极乐国，免教今世苦相思。"苏轼看后，心里好一阵凄凉。一个男人因爱一个女人得不到手而出手殴打，竟把对方打死。虽是失手，肯定不是有意打死，但殴打本身不就太残酷了吗？为一个女人刺臂，愿同生死，而又亲手将其打死，这不是对"爱"字的莫大讽刺和亵渎吗？人啊，一半是野兽，一半是天使。能把对异性的爱深深埋藏心底而不会做任何伤害她的事，这就是天使；对异性产生爱就要将之据为己有，不顾对方的感受，如果达不到目的就不择手段，甚至以其为仇，这就是野兽。

案情清楚，犯人服判画押。苏轼作最后的结案判决，他当堂挥笔，作一首《踏莎行》词以作判词道：

> 这个秃贼，修行忒煞。云山顶上持斋戒。一从迷恋玉楼人，鹑衣百结浑无奈。
>
> 毒手伤人，花容粉碎，空空色色今何在。臂间刺道苦相思，这回还了相思债。

词前面大半交代了作案人的身份，这是一个和尚；案情发生的经过和后果，迷恋玉楼中之美人，金钱花光，出毒手伤人，竟把美人打死了。最后两句在讽刺中还有调侃的意味：既然你在胳膊间刺字说是相思甚苦，那么你就到阴曹地府去偿还相思的情债吧！

苏轼为政清廉，爱护百姓。判案雷厉风行，从不拖泥带水，判词也非常有特色，有很多可作为文学作品来欣赏。足以表现他敏捷的才思和诙谐幽默的性格。

惟有朝云能识我

苏轼在杭州初识朝云。朝云年纪虽小，出身卑微，学识不多，却心有灵犀，和苏轼最有精神共鸣，被引为知己。

苏轼一生与王姓女子有缘，发妻王弗，继室王闰之，还有一妾不离不弃，这个爱妾就是王朝云。

王朝云，杭州钱塘人，宋神宗熙宁七年(1074)九月，苏轼被贬为杭州通判，苏夫人王闰之在杭州买下朝云做丫鬟，当时朝云仅十二岁，因家境贫寒，年幼便沦落到歌舞班中做歌女。朝云姿容俏丽，秦观曾经赞美她“眉如春园，眼如晨曦”，更难得的兰质蕙心，性情温和善良。

苏轼最脍炙人口的诗莫过于《饮湖上初晴后雨》：

水光潋滟晴方好，山色空濛雨亦奇。
欲把西湖比西子，淡妆浓抹总相宜。

寥寥几语，道尽了西湖与生俱来的妩媚。写这首诗时也正是苏轼初识朝云之际，因此这首诗是赞叹西湖无疑，同时也包含着诗人对小朝云不同凡俗之美的惊讶，情动于中，发之于外，流溢笔端，成就了这般亦写景亦摹人的千古名作。

在中国古代，经常给太太身边的丫鬟升格为“妾”，当然，一般这个丫鬟要各方面做得比较好才行。朝云一开始的身份就是王闰之的贴身丫鬟。王闰之是个贤惠温厚的妻子，考察身边的丫鬟也看重这些品行，当初一眼选中朝云就是从直觉上认为朝云本性纯良，天资聪慧。经过一段时间的观察，王夫人更加认可了自己对朝云的选择。她了解丈夫的为人和学识，朝云虽然出身微贱，但冰雪聪明，小小年纪却有超常的慧心识见，有些正是自己身上所缺少的，有朝云这样的女子在身边，虽然会分享丈夫对自己的一些感情，但无疑对丈夫是有益的。

朝云本不识字，在苏轼的熏陶下开始习字读书，后来楷体字写得很有章法，连书法方面堪称大家的苏轼也颇为叹服。

功夫不负有心人，在王闰之和苏轼共同调教之下，朝云很快从一个懵懂的少女成长为人见人爱的“如夫人”。侍妾在当时的世人眼里虽然地位比丫鬟高一层，但身份仍旧卑微。不过，在苏家却不存在这种情况，王闰之为人宽厚，着意培养朝云妇容妇德，见朝云言谈举止无不得体，非常满意，并没有一丝轻视的神色；苏轼那里则更没有人分贵贱之说，并且随着苏轼帮助朝云渐渐接触及学习了更多知识后，苏轼惊喜地发现，朝云的悟性极高，平常言语中卓见不鲜。

朝云这边，对王夫人从来就心怀感激，是夫人帮她脱离苦海。对苏轼，除了感激还有深深的景仰，感激苏轼教她断字识文，从书本知识了解更广阔的天地，景仰苏轼的博雅、正直、通达、放旷。所以，朝云觉得自己进到苏家是幸运和幸福的，她尽心尽意地侍奉王夫人和苏轼，为苏家默默做着力所能及的事情。

相处日深，与前两位夫人相比，朝云给予苏轼的不仅仅是生活上的照顾和体贴，更难能可贵的是，在精神上，朝云与苏轼心有灵犀，很有共鸣。可以说，在苏轼一生所遇到的女人中，朝云精神上和苏轼最为接近，是苏轼灵魂的知己。

苏轼说“惟有朝云能识我”，说的就是这样一段佳话。

苏轼是见到不平事就无法平静的人，就想要上头知晓并解决，通常的方式不是立刻写奏章呈上去，就是直接到朝堂上来跟皇上和大臣们当面说。这样的事情苏轼不知道做过多少件了，只要遇到了，不合理，苏轼一定要上达，有时准奏，有时拒批，拒批时就据理力争，从不气馁，得罪同僚甚至皇上的情况时而有之。

这天，苏轼又因为不计后果地口出直言，明显给人家的政绩涂了黑点，引得朝堂上一干大臣的不满，群起而攻之，不乏黑白颠倒，阴谋诡辩。苏轼从来不惧怕这些口舌之争，只觉得于事无补，自己的目的是解决事情，而不是搞人身攻击。双方争得面红耳赤，皇上也不高兴了，叫所有人等都离开。最后的结果就是问题没解决，人给轰走了。

苏轼心里这个火啊！气冲冲地往家走。到了家，正赶上开饭。按理说，一般人一肚子气时肯定食难下咽，可苏轼不是一般人：生性幽默达观、洒脱不羁。所以看见美餐的苏轼顺顺气，坐下来照常吃饭。

酒足饭饱，苏轼的气都顺得差不多了，走到庭院当中散步。正好看见院子的角落里几个侍妾丫鬟扎堆嬉戏。苏轼看着她们开心的样子，不但没有生气，相反来了兴致。捋捋胡子，走过去，眼尖的一个丫头看见苏轼，赶紧示意其他人噤声。那几个人才看见自家老爷，都有点害怕，马上闭上了嘴巴，贴着墙根儿站立不动，眼巴巴地看着苏轼。虽然苏轼平日很随和，几乎从不责骂下人，但她们公然在面前嬉闹，着实是不成体统，不免战战兢兢。

苏轼看着她们噤若寒蝉的样子不觉莞尔一笑，道："紧张什么，我不过是有个问题要问你们。"这样来看，苏轼发泄郁闷的方式也与众不同。一般人可能会大发雷霆，拿别人当出气筒，或者借酒消愁，放浪形骸，或者甩甩袖子，不问世事，但苏轼不是这样。适当地调整心态，不亏待自己身体，更不迁怒无辜。

众人这才松了一口气，紧张又换成了好奇，都想着苏轼能问她们什么问题呢？她们才不担心答不上来，因为苏大学士学识渊博，答不上太正常不过了，只是对苏轼要问的问题本身很期待。

苏轼那边不慌不忙，以手抚肚，又照着肚皮轻拍几下，道："你们说我这个肚皮里装的是什么呢？说出你们所想的就好，不用顾忌。"

饱读诗书的苏学士、苏大人肚子里有什么，当然不是草了，更不会是傻子才会说的刚吃下还没消化的饭菜！

几个人雀跃了，这个问题不难啊，她们可以回答。就是可能说得不全，大人肚子里的东西太多了！就看谁猜得准吧。

一个丫头抢先说道:“您肚子都是文章!”

话音未落,另一个跟着纠正:“没有见识能有文章吗?大人肚子里都是见识!”

如此种种,苏轼摇摇头,嘴上没说,心想:文章、见识还用你们说?我的意思哪是这些!

一边的朝云开始只是静静旁观,等众人说完了,才不急不缓地笑着说:“您这里啊,是一肚皮的不合时宜。”苏轼听罢哈哈大笑,频频点头说道:“知我者,惟有朝云也。”

朝云欣慰地笑了。其实苏轼带着怒气回家,别人都没有注意,只看到了饭后云淡风轻、神色如常的苏轼。而细心的朝云看在了眼里,以她对苏轼的了解,知道苏轼肯定又是因为刚直不阿的秉性和人起了冲突。所以,她“一肚皮不合时宜”一语中的,道出了苏轼耿介率真、正直无私的品格,也隐含着她对苏轼的欣赏。

正是苏轼的才华和德行深深感染了朝云,朝云才愿意了解苏轼,而能够真正地走进苏轼心里,这又是别人无法与她比及的造化。甚至有人说,连那个与他“但愿人长久,千里共婵娟”感情深厚的弟弟苏辙,在“懂你”“懂我”这一点上,也是不如王朝云的。

后来,苏轼在朝云墓址所在的惠州西湖,曾为了纪念她建过一个六如亭,亭子上苏轼亲笔写的一副对联就是:

不合时宜,惟有朝云能识我;

独弹古调,每逢暮雨倍思卿。

凄美感伤的爱情

妻子王弗的早逝是苏轼心中永远无法言说的痛苦。一首《江城子·记梦》凝结了苏轼对于亡妻的无限哀思与完美记忆。

宋神宗熙宁七年(1074)五月,苏轼在接到朝廷移知密州(今山东诸城)的命令后,满怀着对杭州的留恋,带着一家老小赶赴密州。

密州,这座小小的文化古城,历史悠久,人杰地灵。古城因虞舜生长于斯而闻名遐迩,更因其特殊的地理位置而为历代君主所重视。苏轼到达密州时正值冬季,肃杀的寒风凛凛地刮着,刚刚经历过严重蝗灾的田地上光秃秃的,干枯的禾苗在西风的肆虐下无助地摆动着。

安顿好家小,办理好交接后,春节就来到了。春节,本是国人最为重要的节日,往日在京师、在杭州,甚至在眉州的时候,这一天都过得热热闹闹、高高兴兴的。但是,熙宁八年(1075)的春节,也许是因为初来乍到,人生地不熟,也许是因为密州的城市规模远逊于中心城市,竟然过得冷冷清清,甚至都没有感觉到这是在过年。守夜结束,家人都沉沉睡去了,苏轼揽镜自照,竟然在鬓边发现了丝丝如霜的白发。将近不惑之年，苏轼不禁感叹时光的不居，又想起自入仕途以来身陷新旧两党的纷争而四处迁谪，目睹百姓为新法所累而自己又无能为力，不由地发出了“寂寞山城人老也”的无限感慨。

正月二十日这天晚上，苏轼依旧如平日在书房读书到深夜，但是不知什么原因，心总是静不下来。窗外是寂静而寒冷的冬夜，除了偶尔风吹窗纸发出的“沙沙”声外，听不到些许声音。苏轼想起了年少时母亲教导自己读书，想起了父子三人的论争，许多往事不自觉地浮出脑海。而其中逝去的爱妻王弗的身影更是愈加清晰。心烦意乱的苏轼扔下书本，转身回到卧室，上床休息了，几次翻来覆去之后终于沉沉睡去。恍惚间，苏轼飘然看到了青山绿水的故乡，看到了翠竹环绕的苏宅，透过海棠半掩的小纱窗，年轻貌美的妻子王弗正在对镜梳妆。忽然间，王弗转过身来，看到了倚门而立的苏轼，夫妻对视，千言万语竟然不知从何说起。当从梦境中猛然惊醒后，苏轼发现自己竟然泪流满面。

王弗在治平二年(1065)五月病逝于京城，并于第二年六月迁葬回故乡四川祖茔，离他而去已经快十年了。十年间，他曾无数次在梦中梦到王弗，也时常不经意地想起她，却从来没有这样清晰。无数次，苏轼想借助文字倾诉他对王弗的思念，但提起笔后，却又不知该从何说起，这是他内心不愿去触及的深藏的伤痛。然而今夜他觉得那份哀思就像硬硬的石块堵在胸口，压得他喘不过气来，他起身披衣回到书房，铺纸研墨，提笔一挥而就写下了《江城子·乙卯正月二十日记梦》：

十年生死两茫茫。不思量，自难忘。千里孤坟，无处话凄凉。纵使相逢应不识，尘满面，鬓如霜。

夜来幽梦忽还乡，小轩窗，正梳妆。相对无言，惟有泪千行。料得年年肠断处：明月夜，短松冈。

这是中国古代文学史上的第一首悼亡词，也是此类词作中首屈一指的佳篇。词的上半阕写梦前，直接表达了十年阴阳相隔自己对妻子王弗从不曾忘记的深情，点明因为妻子的坟墓远在千里之外的故乡，即便想到坟前说一说自己的不如意也做不到的无奈，并进而将自己十年来的仕宦沧桑，借“纵使相逢应不识”的假设和“尘满面，鬓如霜”的外貌变化表现出来。词下半阕写梦中和梦后，梦中是当年甜蜜岁月中常见的生活细节，却融入了十年来现实生活的苦涩，以致夫妻相对而视时，竟是千言万语无从说起，只有泪流满面。结尾三句，回到现实，设想长埋地下的妻子因挂念自己而柔肠寸断，不说自己怎样，而说对方如何，且以景作结，使全词更加含蓄蕴藉。全词将自己的失意感慨和对妻子的哀思借助对比、细节刻画、景物渲染淋漓尽致地表达出来。

妻子的情深义重苏轼时常会想起，而今夜很多往昔记忆又不由自主地涌入脑海。妻子对公婆极孝顺，深得他们的欢心，以至于妻子死时父亲告诫自己：王弗在你还在没有功名时毫不犹豫地嫁给了你，没来得及跟你享福就英年早逝，你千万不能忘记她！你母亲生前最喜欢她，以后你回故乡时，一定要将她安葬在你母亲的墓旁！当年自己按照父亲生前的交代，亲手将爱妻王弗埋在眉州父母墓地旁，并为她立碑，深情地写下了《亡妻王氏墓志铭》。并和弟弟子由一起在爱妻和父母的墓周围种下了上万棵松树。十年的时光，当年种下的松树应该已经亭亭如盖了，而自己心底的思念为什么没有被时间冲淡，反而如那些松树一般茁壮成长，郁结不散。

妻子沉稳聪慧，嫁给自己时从未主动提及读过书，新婚之后伴自己红袖添香夜读书时，自己偶有遗忘的篇章她都能从旁提醒，令自己感到不可思议，为能娶到如此美丽而有才华的妻子而深感欣慰。自己离开父亲在外为官时，妻子时常提醒自己做官要小心谨慎，要按老父亲的教导办事。

妻子识人极明，做事细心，而自己生性旷达，不拘小节，从不知提防别人。在为母守孝期满，携爱妻重返政坛的最初岁月，妻子时常“幕后听言”，以便能及时提醒自己注意言行、小心交友。

一次，有客人来拜访，和自己聊了很久，妻子在屏风后听了很久，等那人走后，妻子对自己说：这个人，说话时左闪右躲，没有观点，只是揣度你的意思，然后拍你的马屁，跟这样的人不值得说那么多！

还有一次，有个人前来拜访自己，初次见面就表现得极为热情，大有称兄道弟、相见恨晚的架势。那个人走后，妻子提醒自己一定要小心提防那个人，说他“恐不能久。其与人锐，其去人必速”。对于妻子这一举动，自己当时不以为然，甚至有些反感，但妻子的话都得到了应验，自己经历了不少磨难之后，再想起妻子的这些言行不禁百感交集、潸然泪下。在识人方面，王弗确实比苏东坡高明许多。可惜死得早，否则会对苏东坡有很大帮助。

那一夜，苏轼想到了很多往事，再也没能入睡。那些记忆是如此的美丽而忧伤，那里有自己青春年少时的甜蜜、快乐，初为人父的喜悦、激动以及许许多多的惊喜与感动，所有这些都和那个叫王弗的心爱女子紧密地联系在一起，而这个美丽的女子在二十七岁风华正茂时就早早逝去了，留给自己的是脑海中永远美丽的记忆和心底此生抹不去的悲哀。

而有关苏轼和王弗相识相恋的爱情故事虽然在苏轼的笔下并没有记录，却广泛地流传在他们的故乡。那是一个如此浪漫、美丽的故事，让你不愿也不会去质疑它的真实性。

当年年少的苏轼被父亲送到了离眉山不远的青神中岩书院读书，中岩素以山水奇秀，岩壑清幽著称，在唐代修建的中岩寺，分为上寺、中寺、下寺，三寺景色各有特色，书院就坐落在上寺翠微峰下，而当时在此执教的王方是青神的乡贡进士，与苏洵颇有交情。苏轼来此不久就以他的聪颖勤奋深得老师喜爱，每每读书之余，苏轼喜欢在山中漫步，尤其喜欢位于下寺慈姥岩下的一潭碧水，潭水掩映在翠竹山花之间，倒映着蓝天白云、绿树青山，异常静谧，山风吹过皱起细细的波纹，坐在潭边总能让他超然忘俗，生出出世之感，最妙的是每当他在潭边击掌，就会有成群鱼儿从岩壁下游出，使得潭水顿时平添无限生机。可如此妙景竟然没有名字也让苏轼觉得遗憾，于是他向老师建议给此景征集个名字，王方欣然应允，遍邀文人雅士于此碧潭前投笔竞题，可名字起了很久，也起了很多，或者太雅，或者太俗，或者太平淡，或者太张扬，总之没有一个名字让大家都满意。最后苏轼站了出来，慢慢地展开他题的名字“唤鱼池”，众人一见，都连连称好。而正在此时，王方家中的丫鬟匆匆赶来，说小姐王弗听说题名之事后，也起了个名字题在纸上让她送来。当王方当着众人展开丫鬟递过来的纸时，上面赫然写着“唤鱼池”三个字，大家轰然叫好。王方又嘱咐苏轼亲手书写了“唤鱼池”三个大字，找人将其摹刻在潭边的丹崖赤壁之上以作纪念，至今这三个字还依旧刻在那里，仿佛在对游人讲述一段才子佳人的爱情故事。而这次不谋而合使两个年轻人彼此不免心生好感。

此后没过多久，苏轼与同窗到王方家中为老师祝寿。因为早就听说王弗极喜欢飞来凤花，所以苏轼临行前在山中采了一簇放在怀中。席中苏轼不免多喝了几杯，竟然醉倒在老师家中。一觉醒来，同窗们早已回书院，于是他起来随意漫步，竟然走到了翠竹掩映的后院，一抬眼看到师妹王弗正在临窗对镜梳妆，苏轼慢慢摸出了怀中的花，轻轻地从窗口投了进去，赶忙转身离开，而窗内的王弗在一惊之后，看到飘然远去的背影，不禁粉面飞红。

再后来经过媒妁之言，父母之命，十九岁的苏轼将十六岁的王弗娶回了家中，在最美好的年华里遇到了最美好的彼此，两个人的爱情故事开始得近乎完美，却在十几年之后以死别作为结局，怎能不叫人感伤。据说晚年苏轼决定定居常州时，还叫人千里迢迢从故乡眉州移植来一棵酷似梅树的铁海棠，亲手将其种在书房前，以此表达对爱妻王弗的思念。才子苏轼的这份深情在他的文字中能书写出多少呢？而我们又能体会多少呢？

把酒问月赋深情

初来密州，面对天灾人祸、艰苦的生活，苏轼曾一度陷入苦闷。重读《庄子》，使苏轼能以达观、超脱的姿态对待人生苦难。《水调歌头》当是这一心路历程的诗意写照。

熙宁七年（公元1074年），苏轼杭州通判任期满三年，即将另赴他任。因为弟弟苏辙在济南任职，苏轼上奏朝廷希望能调任到靠近济南的州县，以便能有机会和离别已久的弟弟相聚。九月朝命下达，苏轼如愿以偿，被任命为密州（治所在今山东省诸城县）知州。

月底苏轼带着一家老小赴任密州，一路北行，景色越来越萧瑟，直到十一月份才到密州。与人间天堂的杭州相比，密州不过是北方一个偏僻的不大的山城，正值严冬，加上近几年连年的旱蝗灾害，百姓多面黄肌瘦、流离失所，景象十分荒凉。

第一眼看到密州时，苏轼不由自主地心底一沉。苏轼从一赴任就开始带领密州人民和天灾人祸作斗争，他率领百姓捕蝗、祈雨、平盗贼，并上书朝廷请求豁免秋税，或者暂停回收青苗钱，直到他离开密州之前，还在忙着兴修水利，以便改善旱情。苏轼密州的生活是清苦的，食宿等条件都无法和杭州相比，他在《后杞菊赋》中所说“以杞为粮，以菊为糗”，虽不免夸张，却也能多少反映出他的生活。在寄给朋友刘攽和李常的信中，他甚至有些后悔地写道：

何人劝我此间来，弦管生衣甑有埃。
绿蚁沾唇无百斛，蝗虫扑面已三回。
磨刀入谷追穷寇，洒泪循城拾弃孩。
为郡鲜欢君莫叹，犹胜尘土走章台。

如其诗中所述，密州的经历更多的是艰苦的生活和不曾间断的灾害。面对百姓流离、弃婴满地、盗贼蜂起的现状，自己能改变的极其有限，更多的是心痛和无奈。

原本以为离弟弟近点，能有机会相聚，可密州和齐州虽然只有几百里的距离，兄弟却都忙于公务，无法见面，只能书信往来，对弟弟的思念并没能因此减轻，反而与日俱增。

重重的不如意，使苏轼心绪不宁，焦躁不安，于是他重读《庄子》，书中睿智的寓言、深刻的思想，使苏轼豁然开朗，世间一切都是相对的，善恶、美丑、苦乐等等都没有客观的标准，只在人的一念之间。人生应该顺应自然、乐天知命。天性乐观的苏轼在不惑之年再一次认真地重读庄子，压在心头的苦恼不禁烟消云散。《庄子》所提供的思想支撑，使他能够坦然自若地面对人生的苦难和打击，始终保持对生活的乐观态度，真正做到了“我生百事常随缘”（《和蒋夔寄茶》）。

心境平和下来，熙宁八年（1075），苏轼开始修复破败的官舍。官舍北面，西北城墙上有一座废旧的城台，原本是一个土台，苏轼顺便修固了一下，在上面复加栋宇，作为登临远眺之所。时在齐州（今济南）做通判的苏辙听说后，特意给此城台命名“超然台”，可谓深得兄意。苏轼因此作《超然台记》，抒发超然物外，无往不乐的情怀。台成之后，苏轼常与宾朋于“雨雪之朝，风月之夕”，“相与登览，放意肆志”，写下不少传世佳作。

转眼间到了第二年中秋，明月当空，凉风习习，苏轼邀好友一起来到超然台上，把酒言欢，共赏明月。苏轼站在台上，放眼望去，但见城中屋宇，城外山水全都笼罩在一片清辉之中，天地如此澄澈，令人心驰神往，不禁生出羽化飞升的幻想。然而如此美好的良辰美景，弟弟子由近在齐州却不能相聚，七年未见，今夜倍感思念，不禁感慨人生的悲欢离合，于是酒一杯接一杯地下肚，直饮到明月西沉，晓日东升。一觉醒来，才思涌动，提笔写下《水调歌头》：

> 明月几时有？把酒问青天。不知天上宫阙，今夕是何年？我欲乘风归去，又恐琼楼玉宇，高处不胜寒。起舞弄清影，何似在人间？
>
> 转朱阁，低绮户，照无眠。不应有恨，何事长向别时圆？人有悲欢离合，月有阴晴圆缺，此事古难全。但愿人长久，千里共婵娟。

词的上片以把酒问天开篇，随后两句更进一步抒发对月的赞美和向往之情，进而表现了自己在归去月宫和留在世间两者间的徘徊，并最终表达了对现实人生的热爱，这实际是作者内心出世和入世思想矛盾斗争的形象写照。下片由月的圆缺想到人的离合。明月如此圆满之夜，有多少人因离别而长夜难眠？不禁痴问明月，为何总在人间离别时圆满，徒增离人愁思。进而了悟，自然人生都难得圆满，以“但愿人长久，千里共婵娟”的美好祝福，表达对远方亲人的怀念。

全词围绕“月”而展开，情景交融，富有理趣，借超凡的想象再现了自己的思想矛盾与人生认识，极富浪漫主义色彩，体现苏词超旷飘逸的风格。同时这首词也诗意写照了苏轼密州时期思想由苦闷到超越的心路历程。

这首词一经传出，很快风靡大江南北，以致如胡仔《苕溪渔隐丛话》所言：“中秋词自东坡《水调歌头》一出，余词尽废。”它的光辉掩盖了此类题材其他词作的光彩。苏轼自己对这首词作也非常得意，据说在镇江时，一次与友人在中秋之夜游金山，站在金山之巅，头上皓月当空，脚下长江奔流，苏轼请同往的宫廷乐师元绚唱此词，自己对月起舞，舞到兴处，对大家说：“‘起舞弄清影，何似在人间’，这大约便是神仙了吧？”

元丰七年(1084)，神宗皇帝偶尔问起外面最近流行什么词，身边的太监便把这首《水调歌头》呈给了皇帝，当神宗读到“我欲乘风归去，又恐琼楼玉宇，高处不胜寒”时，不由感慨道：“苏轼终是爱君。”而此时苏轼已经贬官黄州，神宗于是下旨，将他调到京城附近的汝州。

密州出猎展豪情

常山祈雨的归途，苏轼和僚属一时兴起会猎铁沟。鹰飞犬走，千骑卷平冈的壮阔场面，激起了苏轼慷慨报国之志，乘兴写下《江城子·密州出猎》。本词是后世公认的苏轼的第一首豪放词，标志着一种新词风的正式形成。

苏轼自从宋神宗熙宁七年(1074)十一月来到密州，就一直在为当地严重的旱灾和蝗灾而劳心劳力。他不辞辛苦地亲自带领百姓在田间地头扑杀蝗虫，并多方寻访治蝗的对策。在寻访中，密州有经验的老农告诉他"蝗旱相资"，如果能够有雨水消除旱情，蝗虫就会大批死亡，还告诉他，密州境内的常山求雨最灵，往往有求必应，正因这座山常常有德于百姓，所以才叫"常山"。

为了能解除旱蝗灾害，熙宁八年(1075)十月，苏轼非常虔诚地沐浴更衣、素食斋戒，前往城南二十多里的常山，向山神求雨。不但州府中的僚属大多一同前往，就连州中百姓也多成群结队自发地跟着前去。

来到山神庙中，苏轼拿出自己事先写好的《密州祭常山文》抑扬顿挫地大声朗读起来，祭文中希望山神能解救百姓苦难，说百姓不能安居乐业，山神和地方官都有不可推卸的责任，难辞其咎。回来的路上竟然真的起风了，原本晴空丽日的天空也慢慢布上了轻云，一场好雨就要来了，同行的僚属和百姓都十分高兴，苏轼更是欣喜若狂。

一路上沟壑相连，似大海中波涛翻涌，途经一个叫做铁沟的地方，只见那里地势平缓宽广，林木浓密，不时有狐兔窜出，骑在马上的苏轼一时兴起，回头向同僚们建议在此会猎，大家都说好。自从来到密州，苏轼一直在为蝗旱灾害忧心忡忡，此刻心中终于可以暂时放下这块儿石头，纵情驰骋了，只觉得说不出的痛快，仿佛重拾了少年时代那份意气昂扬。

风吹得旌旗猎猎作响，众多随行百姓站在一旁观看，于是一行人纵马驰骋，黄犬飞奔狂吠、苍鹰盘旋起落，追逐着那些受惊后东奔西跑的猎物。在秋风落叶中头戴锦帽，身披貂裘的苏轼格外显眼，虽已年近不惑，他却一马当先，时而弯弓引箭，时而催马扬鞭，围观百姓的喝彩声更是激起了他无限豪情。几杯热酒下肚，眼前的场面和声势不由得让他想起了北方的边事。

刚刚过去的七月，大宋和北方的辽在边界上再起争端，一仗下来宋朝惨败，失地七百多里。虽然因为不满王安石变法，他自请外调，从杭州通判到密州知州，为百姓做了很多事实，深得百姓爱戴。但他内心深处还是不免失落、寂寞，觉得英雄无用武之地，而无论身在哪里，对于朝中政事得失，尤其是西北和北方边防的动态他始终十分关注，北方再次失利的消息让他痛心疾首。此刻会猎的场面再次点燃了他内心报国的热情，多么希望能有朝一日，像今天这样奔驰在北方的边界上，杀敌报国，将敌人一扫而光啊。按捺不住内心的激情，他叫人拿来笔墨，一气呵成地倚马写下《江城子·密州出猎》：

老夫聊发少年狂。左牵黄，右擎苍。锦帽貂裘，千骑卷平冈。为报倾城随太守，亲射虎，看孙郎。

酒酣胸胆尚开张。鬓微霜，又何妨。持节云中，何日遣冯唐？会挽雕弓如满月，西北望，射天狼。

词的上片叙述了会猎之事，首三句直点会猎题意，次写围猎时的装束和声势，最后用孙权的典故抒写自己内心的感想。下片抒发了报国之情，开怀畅饮之后，以魏尚自比，希望能够早见到朝廷派来使者，让自己承担起卫国守边的重任。全词豪气冲天，痛快淋漓，在当时盛行绮罗香艳的词坛，确实别具一格，令人耳目一新。

会猎归来，当晚就下起了雨，站在窗边看雨的苏轼高兴得就像一个小孩子得到了自己最喜爱的东西，看着自己日间写下的《江城子》，心中也颇感自豪。几天之后在给朋友鲜于子骏的信中，他不无自得地写道：

近却颇作小词，虽无柳七郎风味，亦自是一家。呵呵！数日前猎于郊外，所获颇多；作得一阕，令东州壮士抵掌顿足歌之，吹笛击鼓以为节，颇壮观也。

这首词从题材、情感到意境、风格都不同于当时流行的柳永之类的词作，充满了粗犷、豪放之气，完全突破了传统词作的藩篱，从此苏轼将词的创作引入到更为广阔的空间，一种崭新的词风正式形成，密州也成为苏轼豪放词风的确立之地。苏轼信中所言“虽无柳七郎风味，亦自是一家”，足以见出，他已意识到词应有两种不同的风格，他以自己的此类词作自觉地实践着这种新的风格，给词坛带来崭新的面貌，所谓“指出向上一路，新天下耳目，弄笔者始知自振”（《碧鸡漫志》卷二），所谓“一洗绮罗香泽之态，摆脱绸缪宛转之态”（胡寅《题酒边词》）。

与这首词同时创作的还有《祭常山回小猎》及《和梅户曹会猎铁沟》等数首诗。其中《祭常山回小猎》诗云：

青盖前头点皂旗，黄茅冈下出长围。
弄风骄马跑空立，趁兔苍鹰掠地飞。
回望白云生翠巘，归来红叶满征衣。
圣明若用西凉簿，白羽犹能效一挥。

其所选用的词句、描摹的场面，卒章用晋朝西凉主簿谢艾的典故抒发的慷慨报国之志，都是与《江城子》相类似的，只是诗更侧重叙事性，在艺术水平和对后世影响上远不及同题材的词作。

北国山城密州以其艰苦的环境，强健彪悍的民风，磨砺了苏轼的心智，激发了他豪放不羁的天性，成就了他作为豪放词派开创者的地位。

抗洪筑堤建黄楼

徐州洪水围城，苏轼亲赴第一线指挥抗洪，终于保全了徐州城，拯救了城中百姓的生命，显露出卓绝的胆识才干。

熙宁十年(1077)四月，苏轼在弟弟苏辙的陪同下来到了徐州。从熙宁四年颍州一别，兄弟二人已有近六年未曾见面。趁着旧职已满，新职未任，苏辙陪哥哥赴任徐州，并在徐州停留了百余天。兄弟二人携手同游、秉烛夜谈，约定异日同归故里，度过了一段欢心愉悦的日子。这段时光，给苏轼兄弟留下了极为深刻的印记，在二人此后的诗词中一再提及。过完中秋节，苏辙前往南京(今河南商丘)赴任去了，苏轼非常不舍，送了一程又一程，拉着苏辙的手叮嘱又叮嘱。

苏辙走后，徐州城连日暴雨不断。一个多月前，澶州(今河南清丰西)曹村的黄河大堤决口，淹了临近的几十个州县、几十万亩良田，苏轼闻讯早早做好了抗洪的准备。洪水一直没有来，但苏轼却不敢掉以轻心，日日巡查在汴河周围。汴水的水位一如往年，大家都以为躲过了水灾，暗自庆幸。

连日的暴雨始终没有停息的迹象，汴河水位突涨，滚滚洪水呼啸而来，一时之间，徐州处于洪水的包围之下，危机四伏。苏轼登上城楼，只见城外一片汪洋，而外城东南角因为地势较低，水位离城墙顶端只差几寸，形势危急，大水随时有没过长堤，淹没全城的危险。苏轼的额头渗出了微微的汗珠，但他沉着冷静，下令调集城中青壮年五千多人，亲自带领，马不停蹄地加固城墙。

雨哗哗地下着，苏轼全身湿透，汗水、泥水、雨水混杂在一起，他顾不得擦一下脸，大声地指挥着抗洪抢险的工作。风声、雨声、嘈杂声淹没了苏轼的声音，他不得不提高声调。长时间的大声指挥，苏轼的嗓音有些沙哑了，但他自己压根没有注意，依旧不断地提高音量。

忽然手下来报，说城中的富家携带金银细软聚在北城门要出城避难，被守门的官兵拦住了，双方争执不下。苏轼一听急了，当此关头，只有上下一心，拼死抗洪才能保住徐州城，城中富人一跑，百姓的心就乱了，到时后果不敢设想。

苏轼连忙来到北门，命令卫士把好城门，将少数挤出城门的也赶了回来。苏轼简要地为大家分析了利弊得失，又慷慨激昂地对大家说："有我苏轼在这儿，决不能让洪水破城。"要出城的人或被感动鼓舞，或迫于无奈都渐渐地散去了。

人们散去后，苏轼又冒着大雨来到驻守徐州的禁军营地，因水势危急，急需人手修固城墙，虽然禁军归皇帝直接统帅，不能被地方官轻易调派，但当此危急时刻，不能按常规行事。苏轼对禁军首领说："洪水将破城而入，事态十分危急，虽然大家是皇家统帅的禁军，也希望能一起奋力守城。”看到一身泥水，满脸疲惫的苏轼，禁军首领感动地答道：“太守您都不避泥水，我辈自当拼死效命。”于是带着全体士兵拿着筑城工具，以最快的速度奔赴抗洪第一线，全城军民在苏轼的指挥下在洪峰到来之前迅速筑起了一道东南长堤，并加固了其他各处堤防。

大雨仍在日夜不停地下着，苏轼干脆在城墙上搭了个临时的住处，吃住在城墙之上，并且命令手下官吏分守在城墙各处。全城军民总是能看到身披蓑衣，拄着木杖的太守在不断巡视，苏轼总能及时出现在最危急的地方，奋不顾身地带领大家抗洪抢险，很多次他经过自家家门，手下人劝他进去看一眼一家老小，他都毫不犹豫地拒绝了。在他的带领感召下，全城军民日夜奋战，一次又一次挡住了洪水。其间苏轼又广泛征求建议，采纳了一位僧人的建议，掘开清泠口，将城中积水放入已废黄河故道，使之东流入海，缓解了洪水的威胁。七十多天过去了，十月初，大水终于慢慢地退去，黄河也回归故道，徐州城保住了。

雨过天晴，城中一片欢腾，人们纷纷杀猪宰羊，带着酒菜到太守府慰问，答谢这位与百姓、与徐州城共存亡的好父母官。苏轼实在推辞不下，就收下后指点家人做成红烧肉，回赠给参加抗洪的军民，大家吃后都觉得肥而不腻、味美可口，称它为“回赠肉”，从此“回赠肉”成为徐州传统名菜，这之中寄予着百姓对苏轼的一份感念。

稍微休息之后，苏轼想着要预防以后的水患，开始筹划着加固防水工程，于是上书朝廷希望能调集役夫增筑徐州城堤，奏章送出后迟迟不见回复，他猜想可能是因为所需费用太多，于是重做预算加以紧缩，将原本的“石岸”改为“木岸”，并给在京城的朋友们写信，请他们帮忙敦促朝廷核准他的计划。

元丰元年(1078)，朝廷终于准奏，拨下款项，允许苏轼调用役夫，修固城堤。对于他在抗洪中的英勇表现，神宗皇帝还特意下诏予以表彰。接到准奏的文书，苏轼高兴得一夜没合眼，按早已筹划好的方案，以最快的速度开工。他一有时间就会到工地上去看看，以便监督工程质量，保证工期，心里憧憬着大堤筑成后的美好景象。到了八月中旬徐州外城堤坝修固终于完工了，同时在徐州城东门大堤上建了一座十丈高的楼台，以黄土刷墙，因为古人相信五行相生相克，黄代表黄土，可以克水，所以苏轼为其命名为“黄楼”。

九月九日重阳节，苏轼和徐州百姓在黄楼庆祝大堤竣工。那天早上，他沿阶而上，登上了黄楼，空气中还弥漫着黄土的气味，漫步在高楼之上，眼前一片白茫茫的晨雾，如丝雨般扑面而来，对面的山林若隐若现，庙宇则隐没在雾气之中，隐隐传来楼下水面上的欸乃橹声。苏轼只觉秋凉如水，让手下递过一杯热酒驱寒。想起去年此刻正在泥水中拼死抗洪，朝不保夕，而今日将在黄楼把酒言欢，不觉感慨万千。太阳慢慢地升起来了，雾气也散去了，但见山水如画，渔村隐隐。参加庆典的三十多位知名人士陆续都来了，徐州的百姓也有很多聚集在楼下看热闹。一时之间，鼓乐大作，歌舞相仍，觥筹交错，苏轼挥笔写下《九日黄楼作》：

去年重阳不可说，南城夜半千沤发。水穿城下作雷鸣，泥满城头飞雨滑。黄花白酒无人问，日暮归来洗靴袜。岂知还复有今年，把盏对花容一呷。莫嫌酒薄红粉陋，终胜泥中千柄锸。黄楼新成壁未干，清河已落霜初杀。朝来白露如细雨，南山不见千寻刹。楼前便作海茫茫，楼下空闻橹鸦轧。薄寒中人老可畏，热酒浇肠气先压。烟消日出见渔村，远水鳞鳞山献齿。诗人猛士杂龙虎，楚舞吴歌乱鹅鸭。一杯相属君勿辞，此境何殊泛清霅？

徐州抗洪筑堤，显示了苏轼的胆识才干和爱民如子的情怀，让他受到当地百姓的深深爱戴，也让后人更加深刻地体会到了苏轼的仁者情怀。

梦断燕子楼赋词

燕子楼中的关盼盼在风华绝代之时，为了坚守一份曾经的爱情，在小楼之上孤独地度过了十多年，最后绝食而死。二百多年后的苏轼夜宿燕子楼，午夜梦回，行遍小园，生出无限感叹，了悟古今同梦。

宋神宗元丰元年(1078)十月，为抗洪筑堤忙碌了一年多的苏轼，看着大堤筑成，黄楼高耸，终于松了口气，可以好好地在古城徐州逛一逛了。

徐州城中有座燕子楼，在中唐重臣张建封的张家老宅中。当年张建封镇守徐州时，徐州有一个名妓叫关盼盼，精通管弦，能歌善舞，工诗擅词，因家境贫寒流落风尘。张建封花重金将其赎回府中，纳为姬妾。盼盼能舞《霓裳羽衣曲》，舞姿婀娜轻盈，歌喉圆润高亢，大有高遏行云，冲起梁上暗尘之势。诗人张仲素称之为“歌尘”，加之姿容俏丽，性格温婉，善解人意，张建封虽然妻妾成群，但对她宠爱有加，对她倾注了全部的爱，关盼盼也用同样的全部的爱来回报张建封。张建封经常和关盼盼谈诗论乐，探讨人生，二人心灵默契，百般恩爱。张建封为关盼盼在宅中特意筑了一座小楼，筑得飞檐挑角，形如飞燕，且年年春日南来的燕子多栖居于此，故名“燕子楼”，盼盼也把张建封视作知己。

好花不常开，好景不常在。没过几年，张建封病故，归葬洛阳，家中姬妾都风流云散，大多另嫁他人。只有这位关盼盼，刚刚二十出头，凭着姿色才情不愁另攀高枝，却因为感念张建封的深爱之情，知遇之恩，誓不再嫁，独居燕子楼十多年，只有一个老仆照顾，最后竟然绝食身亡。留下凄艳绝伦的爱情故事。

对于燕子楼的故事和前人的诗句，苏轼都十分熟悉，所以对燕子楼一直心向往之，却一直没得空闲。十月秋日，天高气爽，苏轼来到了张氏旧宅。宅子始终有人看护，整洁如初。已是暮秋时节，五彩斑斓的树叶掩映着燕子楼的飞檐，楼前曲折的回廊围绕着一湾池水，水中各色锦鲤优哉游哉地游来游去，不时跃出水面，碧绿的荷叶挺立在秋风中，如待人来，四周极其幽静，终日也不见人迹。

站在小楼之上，看着眼前如画的景物，楼中前人的诗句，想着当年风华正茂的盼盼独自一个人在楼中对着堂前燕子，帘外风光，思念着已经逝去的爱人，何等寂寞凄凉，不禁无限感伤。当晚苏轼并没有离开，而是住在了燕子楼中，恍惚间盼盼来到了眼前，深深作揖，翩然起舞，苏轼正觉惊异，猛然间被楼外更鼓之声惊醒，才知不过大梦一场。依稀已是三更时分，起来披衣下楼，凉风习习，月光皎洁，将白天所见的景物笼罩在一片清辉之中，说不出的清幽。鱼儿偶尔还会跃起，荷叶上不时滚落晶莹的露珠，寂静中连树叶子飘落的声音都清晰可闻。回到小楼之上，放眼望去，只见夜色沉沉，既感慨佳人的遭遇，又由自己多年来外任的经历生出无限身世之感，而在徐州抗洪筑堤建黄楼的所作所为，想来也会成为以后他人夜登黄楼时感慨的对象，不禁感叹人生如梦似幻，于是提笔写下《永遇乐》：

明月如霜，好风如水，清景无限。曲港跳鱼，圆荷泻露，寂寞无人见。紞如三鼓，铿然一叶，黯黯梦云惊断。夜茫茫、重寻无处，觉来小园行遍。

天涯倦客，山中归路，望断故园心眼。燕子楼空，佳人何在，空锁楼中燕。古今如梦，何曾梦觉，但有旧欢新怨。异时对、黄楼夜景，为余浩叹。

放下笔，苏轼忍不住引吭高歌，将新作唱了一遍，觉得很满意。第二天苏轼离开了燕子楼，忙于公务，始终没找人将新作试唱，可没过几天他的这首新作竟然传遍了徐州城，他偶然听到心中十分惊讶，暗想这首新作不曾示人，怎么就传出去了呢？于是派人暗中查访，最后知道是从一个巡更的小卒那儿传出来的，找来一问，小卒说："小人精通音律，前几天夜里巡逻到张建封庙里，困乏了就在那儿打了个盹，醒来时听到有人在唱这支曲子，就记下来随口传唱出去了，自己起初并不知道是什么意思。"苏轼听后，一笑置之，并没有怪罪他。

根到九泉无曲处

祸从口出，言论向来是政治斗争的工具，必须时刻提防被人抓住言论的“小辫子”。苏轼有何罪？只不过是木秀于林、堆出于岸，声名太高、影响太大罢了。

徐州任期已满，远离了抓住马头不放的徐州父老，宋神宗元丰二年（1079）三月，苏轼来到了他地方官里程的下一站——湖州。

八九年来，苏轼为了远身避祸，求为外任，辗转杭州、密州、徐州，今日又来到了湖州。所到之处，苏轼都勤政爱民，尽忠职守，兴修水利，减免赋税，赈济灾民。多年来与百姓接触的经历，使他真正体察到民间疾苦，对新法实行中的一些流弊，也“不敢漠视”。经时济世的儒家思想不容他超然物外，难免会在言语中流露出一些情绪。

于是，湖州成了他人生的转折点。

古代官员每次被授予职务，照例要写封奏疏给朝廷，先表示自己的感谢，再表表决心。这种例行公事的文章本也没什么太具体的内容，但苏轼的《湖州谢表》是个另类谢表，表中说：“陛下……知其愚不识时，难以追陪新进；察其老不生事，或能牧养小民……”意思是:“陛下您知道我愚笨跟不上时代,怕我与那些新进人物搞不好关系。但知道我老实本分,也许在外州郡治理百姓还可以。”苏轼这几句牢骚话,笔下的“新进”,指的是王安石变法时被引进的一批投机钻营的“群小”。这些用语自然刺痛那些仍然窃据高位,谋取私利的“小人”。

苏轼的谢恩表,很快在士林中流传开。苏轼是名士,其手笔照例要引起人们的注意。谢恩表刊出之后,那些“新进”们自然就成了读者心目中的笑柄,他们当然不肯善罢甘休。

第一个站出来检举苏轼的是御史里行何正臣,紧接着是王安石的学生李定。李定,时任御史中丞。当年曾经成为新旧两派斗争的焦点。他面见神宗时说青苗法得到百姓拥护而遭到保守派的最为强烈的人身攻击。司马光曾骂他禽兽不如。苏轼在赠朱寿昌的诗中,也曾影射过他。所以他对苏轼一直怀恨在心,一直在等待机会进行报复。

李定对宋神宗说:“苏轼说因为他不生事,才把他放到外郡任职。难道我们这些留在朝中的都是爱生事的?这不是明目张胆地在攻击皇上施行新政为‘生事’吗?”他还指出苏轼的四条罪状:“第一,始终坚持自己的错误,毫不悔改;第二,他的错误言行流传很广影响很坏;第三,他很会强词夺理、蒙骗他人;第四,对陛下不使用提拔心怀怨恨。像这样的人不加严惩,要国法何用呢?”

元丰二年(1079)春夏之交,春风吹拂,阳光明媚,百花如期盛开,整个汴京城弥漫着微微的花香。这本来应该是个明朗、亮丽的季节。但是，在京城一所官署中，却显得格外阴森、灰暗。此时，这里正酝酿着中国政治史和文化史上一场著名的文字狱。

当权宵小当然知道，单凭苏轼谢恩表上的一两句话，是不足以扳倒苏轼的。凑巧当时有人出版了一本名为《元丰续添苏子瞻学士钱塘集》，这恰恰给御史台的人提供了收集苏轼犯罪证据的绝好机会。

这之前，苏轼任密州知州、徐州太守和湖州太守，政绩卓著。其诗词作品在整体风格上是大漠长天挥洒自如，内容上则多指向仕宦人生以抒政治豪情。而监察御史舒亶经过潜心钻研，终于找了几首苏轼的诗，断章取义，作为弹劾苏轼的证据。

舒亶带着这本文集，在皇上面前添油加醋地汇报："苏轼包藏祸心，讪渎谩骂，而没有做臣子之节也。如陛下发青苗钱以本业贫民，他却说'赢得儿童语音好，一年强半在城中'；陛下明法以课试郡吏，他有说'读书万卷不读律，致君尧舜知无术'；陛下兴水利，他又讽刺道'东海若知明主意，应教斥卤（盐碱地）变桑田'；陛下谨盐禁，他讽刺成'岂是闻韶解忘味，尔来三月食无盐'……"

这些诗句，都是诗人随感而作，并不是真的存有什么大不敬的心思，更不是怨谤君父、指斥时政。而且，这些诗词朗朗上口，在当时更是传诵一时。然而，这班小人在皇上面前，硬是把这些诗句作为苏轼讥讽朝廷、攻击新法的证据。特别是咏桧树的"根到九泉无曲处，世间惟有蛰龙知"一句，更是被这些搬弄是非的小人说成是影射皇帝。他们说："皇上如飞龙在天，苏轼却要在九泉下对蛰龙，不臣之心，莫过于此！"

"凛然相对敢相欺，直干凌空未要奇。根到九泉无曲处，世间惟有蛰龙知。"苏轼如桧树一样即使根到九泉亦无曲处的不屈性情却为他带来了灾难。

路遥知马力，日久见人心哪！在这场变故中，苏轼的一个好朋友兼昔日同僚沈括，起到了推波助澜的作用。几年前他从杭州带走了苏轼的诗集，回汴京仔细研究，写成报告呈给监察部门，称苏轼"词皆讪怼"、恶意攻击朝廷的新政。英国科学史家李约瑟评论沈括"中国科学史上的坐标"。但是在苏轼的这场政治风波中，沈括的形象就不那么高大光辉了。

苏轼还有一个好友，驸马王诜，就比沈括要正直得多。王诜得知苏轼因言惹祸的消息后，在皇帝还没有对苏轼一案进行定案之前，赶忙派人去给身在南部的苏轼的弟弟苏辙送信，苏辙立即派人告诉苏轼。

元丰二年(1079)，那个骄阳似火的七月二十八日，预先得到弟弟苏辙急信的苏轼正在交代公务，打算暂避一阵。钦差大臣皇甫遵气势汹汹地闯进湖州的州衙官厅，出示了一份御史大爷们用普通白纸写就的革职逮捕令。"拿下犯人，立即上路!"皇甫遵一声吆喝之下，两个凶神恶煞似的大兵立即冲上前去，将苏轼五花大绑，拉着就要走……湖州太守衙门的人都吓得不知所措，个个躲躲闪闪，生怕祸患牵连到自己。

虽然对钦差如此迅速到来感到吃惊，但苏轼已经做好了心理准备，他知道，以他的性格，对时政上的弊端"如蝇在食，吐之乃已"，能在地方上平平安安地做这么多年的官已经属于幸运的了。所以，苏轼轻抚着泪水满面的苏迈、苏迨、苏过，殷切地叮嘱："我家虽无五代丹书铁券可以免罪免死，但有万卷诗书可以壮气壮胆。爹爹八岁时，祖母读《后汉书》中的《范滂传》以教爹爹。范滂因直谏之祸而被杀，临刑前，母子诀别，范母很坚强，安慰儿子说：既有令名，复求寿考，可得兼乎？爹爹听后询问祖母：我以后如果成了范滂，母亲赞许吗？祖母教我：汝能作范滂，我就不能为范滂之母吗？刚直不阿，乃我家之家风啊……"听到父亲如此说，孩子们明白了父亲的心意，郑重地点了点头。

苏轼转过身，对泪流满面的妻子王闰之说："夫人，你就不能像隐士杨朴的老伴那样，写一首诗来送送我吗？"王闰之听了，不觉失声一笑。

苏轼哈哈一笑，然后就势转身，大踏步走出州衙。

州衙外的大街上，早已站满了送行的百姓，他们纷纷失声痛哭，甚至质问钦差大臣："堂堂朝廷命官，像鸡犬一样被人随意捆绑着拉走，这样做算怎么回事？他犯了什么罪？"面对群情涌动，皇甫遵面无表情，连正眼都不瞅一下。苏轼想起自己离开杭州和徐州任期满离开时，也是这般人山人海，也是这般依依不舍，但是眼前的境遇已经完全不同了。来到湖州恰恰一百天，还没有来得及为湖州百姓做出一件实实在在的事情就要离开了，而且给这座水乡古城留下了诉说不清的屈辱，心里有愧啊！想着想着，苏轼的眼睛渐渐湿润了……

"乌台诗案"一命悬

御史台，因官署内遍植柏树，常有乌鸦栖息筑巢，而被称为"乌台"，通常人们也用来戏指御史们都是乌鸦嘴。元丰二年，这里掀起宋代历史上最引人瞩目的一场政治风波。

二十天，漫长的押解之路。二十岁就金榜高中，名震天下，深为仁宗皇帝赏识，被王安石称为"不知更几百年才出此人物"的一代文豪，出身书香门第，世族地主家庭，生活条件优越的世家子弟，如今却被衙差呼喝，忍受他们的侮辱和嘲笑。

湖州百姓倾城送行、质问钦差的深情，反而加重了苏轼的罪行，加重了苏轼在官船上的苦罪。皇甫遵惩罚有法：其一，长子苏迈奉母亲之命陪同父亲入京，皇甫遵却不准他坐船。苏迈只好追着船只在岸上徒步相随。其二，以剩饭残羹果苏轼父子之腹。江面终非陆地，膳厨只此一家，你纵有钱，无处买食，狱卒酒足饭饱之后，方"嗟"苏轼父子进餐。"嗟来之食"，足以整治"文坛领袖"苏轼的傲气。其三，无定时地勘审提问。勘审"罪行细节"情状，提问"诗文往还"之党，而且不分昼夜，存心折腾。"劳心疲力"之术，足以挫磨苏轼"恃才傲物"的习性。

任苏轼再豁达，此时也不能当什么都没有发生。况且他不知道自己要判什么罪，并且担心案子会牵涉到其他朋友，担心会牵涉到弟弟苏辙，因为苏辙提前给他通风报信。

这晚，月色如昼，碧波无际，船在太湖芦香亭停宿。船头的苏轼在月光下，仿佛又老了很多，两鬓间不知是染霜的白发还是月光的笼罩，使他看起来突然间如此憔悴。这里，苏轼曾经来过三次。以前都是三五好友相伴，意气风发，而今，旁边却是紧紧看着他的衙差。没有人理会他的心境，甚至一句好言好语都没有。苏轼望着清冷的银月和茫茫湖水，真想投身湖中，抛却烦恼。但转念一想，他这一死，家人及弟弟苏辙又岂能独生？想到这里他便打消了"举身赴清湖"的念头，平安地到达京城。

一到汴京，那些"新进"们迫不及待地将苏轼关押到了御史台监狱，在这里，苏轼度过了他人生中最屈辱、最黑暗的日子。

御史台监狱，坐落在内城东城街北面的尽头。高耸敦实的灰砖墙垣，圈围着人间一团暴戾之气。监狱门前担任警戒狱卒的顾盼狞恶，又为这团暴戾之气染上了一层沉重的恐怖。监牢屋檐下风动"叮当"的铜铃声，哀哀怨怨地飞出高墙，使这条街巷充塞了阴沉瘆人之感。

苏轼被关押在墙垣中央一座隔绝四邻的牢房里。这间牢房，坚壁如井，阴暗潮湿，铁窗尺许，牢门两重。清晨，阳光从洞窗射入，在昏暗的牢房上空，斜拉起一束亮光，如利剑，如白素，如飘入的一片白幡，它显示着昼夜的更迭，也给人以死亡临近的联想。牢房一角，是一片无床草榻，供苏轼席地而卧。因床高三尺，可借以悬梁自尽，故撤而不设。

张璪是刑讯逼供的好手，数兴大狱，手段残忍，他负责苏轼的案子。

古代有“刑不上大夫，礼不下庶人”之说，即对官员的刑罚通常都是斥责、廷杖、免职、或杀头（直到灭十族），而不用刑具，但是苏轼很不幸品尝到了刑具的滋味。两个多月的“根勘”审理，苏轼受尽非人的折磨。御史台严刑拷打，昼夜逼供，真是“诟辱通宵不忍闻”。

李定绞尽脑汁罗织苏轼的罪名，不分昼夜地研究苏轼写下的每一个字。朝中大臣，地方官吏，凡与苏轼有书信往来的，一律派人取证。“乌台诗案”的性质昭然若揭：这是明目张胆的政治陷害。驸马王诜是苏轼的好朋友，他送给苏轼的茶、药、纸、墨、砚、一张鲨鱼皮、一款紫茸毡……皆成物证。连苏轼托王诜裱画三十六轴没付钱，都成了一桩罪名。

御史台对苏轼封锁外面的一切消息，但是监狱之外却并不平静，甚至可以说是举国震惊。杭州、徐州、密州的百姓纷纷为苏轼祈祷，就连苏轼刚到任没几个月的湖州百姓也设立道场，为苏轼祈福。京都瓦肆歌伎们以救济义演为名营救苏轼的活动又掀起了新的高潮，特别是宫廷“教坊使”丁仙现和京都著名杖子头李奴哥、董姐哥、陈伴奴、凤眼奴的参与演出，使全城黎庶都在唱着苏轼的诗词。

后宫内也不平静。一天，神宗探望病重的曹太后，曹太后缓缓说道：“昔仁宗策贤良归，喜甚，曰‘吾今又为吾子孙得太平宰相两人'，盖轼、辙也，而杀之可乎？"

曹太后的意思是说："过去仁宗皇帝主持殿试，退朝后高兴地说'我今天又给我的子孙谋得了太平宰相两人，就是苏家的苏轼和苏辙两兄弟。'这样的两个人，皇上怎么可以杀呢？"

不久，曹太后病重，神宗欲大赦天下为祖母消灾求寿。高太后说："你也不用赦天下，只放了苏轼就够了。"这段时间以来，宫廷内外同情苏轼、要求为他免罪的呼声越来越高，现在连自己最敬爱的祖母也如此关心这件事，神宗的心里也越来越不平静了……

苏轼毕竟也是凡人，数月又常被提审，精神上的折磨也够他受了。苏轼坐牢，他的儿子苏迈每天去给父亲送牢饭。由于父子不能见面，他们暗中约定，平时只送蔬菜和肉食，如果有死刑判决的坏消息就改送鱼，以便早做心理准备。

有一天，苏迈因为身上的盘缠用完了，要去城外找父亲的好友借钱，不能前去送饭，便委托一个朋友帮他送牢饭，但他忘了告诉那个朋友与父亲约定的暗号。恰巧那位朋友非常敬慕苏轼，特地做了一盘红烧鱼。苏轼一见，大吃一惊，以为自己难逃一死，悲愤之下，写了两首绝命诗给弟弟苏辙：

其一

圣主如天万物春，小臣愚暗自亡身。
百年未满先偿债，十口无归更累人。
是处青山可埋骨，他年夜雨独伤神。
与君世世为兄弟，再结来生未了因。

其二

柏台霜气夜凄凄，风动琅珰月向低。
梦绕云山心似鹿，魂惊汤火命如鸡。
眼中犀角真吾子，身后牛衣愧老妻。
百岁神游定何处，桐乡知葬浙江西。

第一首通篇都是写给弟弟苏辙的，兄弟间深挚情感穿文越字，弥散在彼此心间。第二首是写给妻儿的，感叹自己不能给予妻儿以安定的生活而万分愧疚。

有一个监狱里的小兵，为人宽厚而彬彬有礼，对待苏轼十分恭谨，每天晚上一定要用热水为苏轼洗脚。苏轼请他将两首告别诗送给弟弟苏辙，狱卒也答应了。这也是苏轼的聪明之处，他想狱卒多半不敢将诗交给弟弟，怕受牵连一定会交给政客转呈皇帝，或许皇帝见后还有一线生机。所以苏轼在第一首诗中表示与苏辙世世为兄弟。并在诗里表示皇恩浩荡，自己受恩已多，无法感恩图报，实在惭愧。又说这次别无所怨，都是自己之过。苏轼的心思没有白费，这两首诗辗转到了神宗皇帝的手里。

神宗早已有了太皇太后的前番话语，本来就不想杀苏轼，看了这两首诗，更加动了慈悲之心，便要释放他。但他也十分头疼，宋朝历来重视言官，御史台的言官们群攻苏轼，他不能不慎重考虑，怎么办呢？他想很久，想出一个主意，派一个小太监潜至乌台，观察苏轼的动静。几天后太监回宫报告：苏轼夜里睡觉，鼾声如雷。皇帝既定：看来苏轼心中坦荡，并未藏奸嘛。

就在神宗下定决心放了苏轼的时候，一个关键人物出来讲话了，他就是闲居金陵的王安石，他给神宗上了一个折子，折子里写道："怎么能在太平盛世杀有才之士呢？"又搬出了太祖赵匡胤的遗嘱：除了犯叛逆谋反罪，一概不杀大臣。神宗皇帝一向敬重王安石，视之如父，加上王安石又搬出了祖宗遗嘱，这一下，神宗皇帝感到心中豁然开朗。

十一月二十九日，圣谕下发，苏轼贬往黄州，充团练副使，但不准擅离该地区，并无权签署公文。这样的结果，李定等人自是大失所望。

从这件事上，可以看出王安石光明磊落的胸襟，他赏识苏轼的文采和为人，并不因为苏轼在政治上和他唱反调就打击报复，这是何等的包容大度，何等的公正无私！

乌台诗案使苏轼受了一百三十天的牢狱之灾，受牵连的共七十多人，其中有二十九位大臣和名士受到不同处分。王诜、苏辙等受贬斥，张方平、司马光等仅因收藏苏轼讽刺文字未申缴入司，各被罚铜二十斤。

有人说，人的性格就是人的命运，这在苏东坡身上显得尤为确切。亲朋好友早就好心地劝他"小心点啊，别弄出乱子"。当然，人们都是以诗"说话"，大诗人性情就是如此，不然也不成其为大家吧？

值得一提的是，新旧两派正直之士，均出面营救苏轼。由于各方面的营救和舆论压力，促使宋神宗产生宽恕苏轼，从轻发落的念头。这也是苏轼的才学和人格魅力使然。

“河东狮吼”陈季常

陈慥，字季常，我们对他的了解往往限于“河东狮吼”的成语，实际上，这是黄州一个豪爽的隐士。陈慥本来有条件做官，更有条件过富足享乐的生活，但他偏偏隐居山间。他的人生轨迹和生活态度对我们有很大的启迪。

元丰三年（1080）正月初一，是一个祥和、团圆的日子，苏轼却在这一天，顶着风雪出汴京，过河南，渡淮河，进湖北，谪赴黄州。

途经麻城春风岭时，苏轼看见岭上簇簇梅花傲寒吐妍，忽有所悟，写下了《梅花二首》：

其一

春来幽谷水潺潺，的皪梅花草棘间。
一夜东风吹石裂，半随飞雪度关山。

其二

何人把酒慰深幽，开自无聊落更愁。
幸有清溪三百曲，不辞相送到黄州。

“乌台诗案”中残存的几分狼狈、逃出重围的几分轻松和仕途再度春风的几分希冀，此时都写在了苏轼染霜的两鬓和沧桑的脸上，流露在诗人的文中笔下。

当苏轼蹒跚着脚步行至岐亭北五里时，远远地看见山上有一队拥着白马青盖的人群，当中一人，戴一顶“方屋而高”的古帽。这队人马渐渐走近，苏轼仔细一看，大吃一惊，失声叫道：

“哎呀，这不是季常吗？你怎么在这里呀？”

陈季常是苏轼十八九年前，大约二十七八岁时相识的朋友。当时，陈季常“从两骑，挟两矢游西山，鹊起于前，使骑逐而射之，不获；方山子怒马独出，一发得之。因与余马上论用兵及古今成败，自谓一时豪士”。意思是说陈季常带着两名骑马随从，身藏两箭，在西山游猎。只见前方一鹊飞起，他便叫随从追赶射鹊，未能射中。方山子拉紧缰绳，独自跃马向前，一箭射中飞鹊。他就在马上与苏轼谈论起用兵之道及古今成败之事，自认为是一代豪杰……这是何等飘逸的风采。

这之后的近二十年中，苏轼受皇帝重视，又因与王安石政见不合，被放外任，再被逮入狱，政敌对他百般折磨，必欲置于死地。后经营救，才得从宽论处，获条生路。而陈季常却早就大彻大悟，弃绝名利。他本来完全可以凭借其显赫的门第世袭官爵，但他却不要；他“家在洛阳，园宅壮丽，与公侯等。河北有田，岁得帛千匹，亦足以富乐”，这一切他也都不要，毅然“弃车马，毁官服”，到麻城山水间当了一名隐士。当年“好酒使剑，用财如粪土”的潇洒少年，在如今的陈季常身上连一点影子也找不到了，虽然“环堵萧然，而妻子奴婢皆有自得之意”。陈季常不与世相闻，徒步来往山中，别人也不知道他是什么人，甚至连他姓什么、叫什么也不知道，只是因为他所戴的帽子，帽顶呈方形高高耸起，很像古代方山冠遗留下来的样式，所以人们称他为“方山子”。

陈季常在歧亭遇见苏轼也十分惊奇，问其缘由，苏轼一一叙述了自己的平步青云与一落千丈的坎坷经历。陈季常对此却“俯而不答，仰而笑”，仿佛在说：你的这种奔波劳碌、宦海浮沉，以及到头来落得如此的下场，我早已料到了。我正是因为早已看透了这一步，所以才早早地退步抽身，到这里来当了这个与世无争的隐士的。

面对着陈季常这种傲然自乐，超群脱俗的人生态度，以及寓于其中的人生哲理，苏轼感到惭愧了。苏轼也自幼爱好老庄，可是，他以前却从来没有像陈季常这样彻悟，尤其是从来没打算这样实行过。只有这次当他一头从“琼楼玉宇”跌落到社会下层的时候，他才仿佛忽然看到了急流之上的觉迷渡口。他愧悔自己的冥顽不灵，而发自内心地羡佩陈季常的先知先觉。歧亭一遇，他像发现一眼古老而清新的思想甘泉，舀而饮之，它便自然、适然地融化在其血液中，融化在永载千秋的作品里了。

苏轼在歧亭山林中逗留了他最开心的五日，每天同陈季常一起饮酒、抚琴、论佛老、赋诗文……

不过，一向我行我素，潇洒豪放的方山子，也有他洒脱不起来的地方。

陈季常家里有个濯锦池，是个宽敞华丽的宴客之所，家里养着一群歌妓，客人来了，就以歌舞宴客。一天晚上，苏东坡又到陈季常家来。陈季常说:“今儿晚上,咱们两个好好地喝酒。”陈季常吩咐下人做了一桌丰盛的菜,搬上好酒。两个人一边喝着酒,一边谈佛论道。佛教重点讲的是一个“空”字,两人讲来讲去,越讲越泄气。陈季常说:“我们两个讲来讲去,把情绪搞坏了。请歌妓给咱们唱两首歌,高兴高兴吧。”

看着天色已晚,苏轼素闻陈季常的夫人柳氏对他“管教”甚严,有点担心地说:“嫂夫人要是听见,还不得急了啊?你就注意点吧。”“她已经睡着了。况且,她也就是闹一阵子,过后就没事。不用管她。”陈季常立刻吩咐手下人把那两个歌女找来,还说:“不要唱激昂的,要抒情一点的,声音不要太大。”两个歌女会意,轻拢慢捻,低吟浅唱。

陈季常和苏轼端着酒杯,听着两位歌女给他们唱歌,又觉得人世并不全都是空,也有美好的东西。

“啪、啪……”窗外突然传来木杖捶打墙壁的声音,打断了两人的闲情逸致,陈季常赶紧说:“打住打住,咱别唱了。”只听窗外有个女人的声音说道:“夫君晚上你也不歇着,在这唱什么。”苏轼也知道这是陈季常的夫人柳氏。她的出现让本来热闹的厅中顿时变得鸦雀无声,看着陈季常尴尬的脸色,苏轼慨叹:“狂放不羁,傲视世间的尚书之子陈慥,竟有如此悍妻,可见家家都有一本难念的经啊!”

其实,柳氏的这种行为,用现在的观点来看,本也无可厚非,谁愿意忍受自己的丈夫天天与一群美女为伴呢。柳氏不图丈夫飞黄腾达,甘心与丈夫隐居这偏僻的黄州,已属难能可贵,至于吃醋，则是每个女人的共性，只不过在那个时代，女人不能显露自己的个性，就算再有个性，再不满丈夫的行为，柳氏的木杖也只能捶打客厅窗外的墙壁。

第二天，苏东坡写了首诗，送给陈季常。

龙丘居士亦可怜，谈空说有夜不眠。

忽闻河东狮子吼，拄杖落手心茫然。

意思是说，您这位居士真是挺可怜哪，又说空又说有，晚上不睡觉。说了半天，护法的狮子来了，这么一叫唤，吓得您连拄杖都掉了，心里空空荡荡的。这话语带双关，另外一层意思就是说您这位夫人嗓门太大，都要赶上狮虎之声了。

惟觉寂寞沙洲冷

初到黄州，苏轼被安排在定慧院，家人都不在身边，无人过问生活，无人理解心中之痛，无人给他一点点安慰与关心，这是一种怎样的孤独？

初到黄州，家人还没有接来，苏轼寓居在定慧院，身边只有长子苏迈。他的生活状况如何呢？这从他写给李端叔的一封信中可知：

> 得罪以来，深自闭塞，扁舟草履，放浪山水间，与樵渔杂处，往往为罪人所推骂，辄自喜渐不为人识。平生亲友，无一字见及，有书与之亦不答，自幸庶几免矣。

浪迹山水间，与樵渔相处，不愿意与亲友交往，这就是当时苏轼所处的境况。

苏轼是一个豪放、好客的人，一直以来，诗酒唱和几乎成了他生活的主要内容。而此时，突然间一切变得如此安静，不但做这个团练副使不得“签书公事”，有职无权，而且老朋友们不仅不来信安慰，连苏轼的信也不回了，哪怕他们明知道自己的老朋友是被冤枉的。原来的一切声音、一切画面，现在只剩了黄州的寂静。而且刚刚尝过“言多必失”的苦头，加上他处于地方官的监管之下，苏轼大多数是一个人，白天在黄州的山水间扁舟草履，与渔樵杂处，晚上顶多喝上点当地的土酒，便倒头睡去，生怕再招来无妄之灾。

不能过问公事，苏轼便每天逍遥自在地散步，走门串户，寻花问竹，寻找好风景。这一日，苏轼闲庭信步，忽然发现东面小山上有海棠一株，特别繁茂。这株奇树鲜艳夺目光彩照人，苏轼不禁叹息惊奇，拭目端详。这样简陋的地方怎么会生长这样艳丽的奇花呢，莫非是好事之徒从蜀中移植过来的？从千里之外很难移植海棠，那莫非是天鹅叼来了它的种子？想到此处，苏轼的心中感慨万千，想到自己和海棠都是从蜀中流落此地，黄州当地人并不知道它的价值，自己和海棠的命运何其相似，不免悲从中来。

入夜了，袅袅东风在皎洁的月光下徘徊，海棠阵阵幽香在氤氲的雾气中弥漫开来，沁人心脾，月亮已转过回廊那边去了，照不到这海棠花。夜已深，人无寐，这株海棠多么像自己，处江湖之僻远，不遇君王恩宠。海棠如此芳华灿烂，怎忍心让它独自栖身于昏昧幽暗之中呢？这蓄积了一季的努力而悄然盛放的花儿，居然无人欣赏，岂不让它太伤心失望了吗？夜阑人静，孤寂满怀的苏轼，自然无法成眠；花儿孤寂、冷清得想睡去，那他如何独自打发这漫漫长夜？“不成，能够倾听花开的声音的，只有我；能够陪我永夜心灵散步的，只有这寂寞的海棠！月光嫉妒这怒放海棠的明艳，那般刻薄寡恩，不肯给它一方展现姿色的舞台；

那就让我用高烧的红烛，为它驱除这长夜的黑暗吧！”这就是苏轼那首七言绝句《海棠》：

东风袅袅泛崇光，香雾空蒙月转廊。

只恐夜深花睡去，故烧高烛照红妆。

苏轼被押解进京的时候，御史台派出的“抄家组”让苏家人受惊不小，“牛衣老妻”王闰之极度惊恐之下，远隔千里“河东狮吼”了一把，把苏轼湖州任上的诗文烧了个精光。苏轼因诗得罪，但是要让他从此不写诗，是不可能的。

仍有用世之心的苏轼，对贬逐淡然处之。但是政治险恶如故，生活困顿与日俱增，一种天涯沦落的悲苦孤寂之感油然而生。夜晚，仿佛更加重了这种孤寂，常常夜不成寐的苏轼经常在半夜披衣而起，徘徊在定慧院中，也正是这伟大的失眠，给我们留下了这首回味无尽，能牵动每个人的心灵的《卜算子·黄州定慧院寓居作》：

缺月挂疏桐，漏断人初静。谁见幽人独往来，飘渺孤鸿影。

惊起却回头，有恨无人省。拣尽寒枝不肯栖，寂寞沙洲冷。

残月高挂在稀疏的梧桐，滴漏声断断续续，人群开始安静。是谁看见幽居人独自往来徘徊，是那只飘渺高飞的孤雁的身影。它突然惊起又回首匆匆，心里有恨却无人能懂。它拣遍了寒冷的树枝不肯栖息，却躲到寂寞的沙洲甘愿受苦。这孤鸿与苏轼的精神化而为一，这是诗词作品的最高境界。

苏轼有着孤鸿的情态，孤鸿有着苏轼的心志。“拣尽寒枝不肯栖”，就算环境再艰苦，就算人情再冷淡，这些都不足以磨灭心中的志向与抱负。

作为刚到黄州时的词作，可以看出苏轼内心的紊乱。可正是在黄州，苏轼提升了自己对于人生价值的认识，完成了一次超越。《赤壁怀古》、《赤壁赋》等篇章，是作者对人生乐观冷静的态度。而写作这首词时，在冷静中乐观生活的思想应该还没有完全成熟。所以，从词中，读者看到的是一种冷清与寂寞的情怀。即使如此，这首词还是很受后人推崇，如黄庭坚的《山谷题跋》说此词：“语意高妙，似非吃人间烟火语。”而“非胸中有数万卷书，笔下无一点俗气”则不能到。

据《宋六十名家词·东坡词》载，此词还有一序，讲的是一个美丽而凄凉的故事：

> 惠州有温都监女，颇有色。年十六，不肯嫁人。闻坡至，甚喜。每夜闻坡讽咏，则徘徊窗下，坡觉而推窗，则其女逾墙而去。坡从而物色之曰：“当呼王郎，与之子为姻。”未几，而坡过海，女遂卒，葬于沙滩侧。坡回惠，为赋此词。

小序是一则凄美的爱情故事：惠州温都监的女儿温超超生得清雅俊秀，知书达理，尤其喜爱阅读东坡学士的诗歌词赋，常常手不释卷地读着，苏公的作品她都背得很熟，达到了入迷的程度。她打定主意，非苏学士这样的才子不嫁。听说苏东坡到了惠州，温超超很高兴。于是每当东坡深夜吟诗时，她总在窗外徘徊。当苏轼推窗寻找时，她却已经翻墙而去。

东坡知道她的心意却不能接受她的爱慕，因为自己是戴罪之身，年纪也比她大很多，况且自己身边已经有了妻妾，但他要成全这位才貌双全的女子。苏轼认识一位姓王的读书人，生得风流倜傥，饱读诗书，抱负不凡。苏轼便找机会对温都监说："我想在王郎与令女之间牵根红线，让令爱早遂心愿。"温都监父女都非常高兴，温超超知道自己虽然爱慕苏轼，但是嫁给他的可能性几乎是没有的，如果能接受苏轼所牵的这条红线，自己的感觉就和苏轼有了某种亲切的联系，所以她很乐于接受苏轼的美意。从此，温超超便闭门读书，或者做做女红针黹，静候佳音。

但是不久，苏轼遭受了更大的打击，被贬到海南，这一去也许永远不能生还了，他走得如此急促，他的心情又是如此的恶劣，哪里还顾得上王郎与温超超的婚事呢？

苏轼突然被贬海南，对温超超无疑也是晴天霹雳。她觉得自己不仅坐失一门好姻缘，还永远失去了与她崇敬的苏学士往来的机会。从此她变得痴痴呆呆，郁郁寡欢。常常一人跑到苏学士在白鹤峰的旧屋前一站就是半天。渐渐她连寝食都废了，终于一病不起。临终，她还让家人去白鹤峰看看苏学士回来没有。她带着满腔的痴情，带着满腹的才学和无限的遗憾离开了这个世界。家人遵照她的遗嘱，把她安葬在白鹤峰前一个沙丘旁，坟头向着海南，她希望即使自己死了，魂灵也能看到苏学士从海南归来。

后来，徽宗继位，大赦天下，苏轼才得以回到内地。苏轼再回惠州时，温超超的坟墓已是野草披离了。站在超超墓前，苏轼百感交集，不禁清泪潸然而下，他恨自己未能满足超超的心愿，如今，他已无法安慰这个苦难的灵魂，他满怀愧疚，吟出了这首词。

这段序言将《卜算子》一词的背景放在了十多年后谪居的惠州，将内容解释成了纪念温超超，故事很凄美。但是比较通行的版本中，都倾向于采用"黄州定慧院寓居作"这一小序。被贬黄州后，虽然自己的生活都成问题，但苏轼是乐观旷达的，能率领全家通过自身的努力来渡过生活难关。但内心深处的幽独与寂寞是他人无法理解的。在这首词中，作者借月夜孤鸿这一形象托物寓怀，很好地表达了孤高自许、蔑视流俗的心境。

其实，苏东坡创作本词肯定在黄州定惠院无疑，而苏东坡为温超超"赋此词"是朗诵而非创作，是同情温超超在如此寂寞的坟墓中孤独而凄凉，这样理解或许更贴切一些。

“东坡”“雪堂”两相欢

风景清幽的黄州，很适合静下来思考，死里逃生的苏轼在这段时间认真反思，淡泊权势名利的心态，又让他有很多新的感悟。苏轼心中，一种前所未有的劫后的宁静与超脱正渐渐漾开。

幽居黄州的日子里，虽然苏轼被无罪释放了，但是他的俸禄没有了，只有一份微薄的实物配给。为了维持生计，苏轼不得不每月从积蓄中取出四千五百钱，分为三十份，每份用麻绳穿起来挂在梁上，每天早上用叉子取一串钱下来，交给妻子王闰之安排一日三餐。如果当天有些节余，苏轼就非常高兴地把这些小钱装在一只罐子里，以备有客人来访时买酒喝。黄州物价贱，苏轼偶尔也能吃上一顿红烧肉。

寄居僧舍毕竟不是长久之计，黄州通判马正卿是苏轼的故人，便从州府要来了已经荒芜的五十亩军营旧地让苏轼经营。古代的土地不像现在这般紧张，而且怎么说苏轼也是挂名的团练副使，凭故人的交情，要五十亩军营旧地也不是什么难事。

营地位于黄州的东坡，虽然是荒地，但是很安静，四周的景致也是不错的。元丰四年(1081)春天，苏轼在临皋亭的东面建了一间简陋的房子。在房子建成的时候，恰好赶上一场少见的春雪，只见天地之间白茫茫的一片，雪花纷纷扬扬地从天上飘落下来，大地立刻变得银装素裹，如同人间仙境。

“雪啊，雪……原来洁白的东西是最美的，没有一丝杂质，不受任何污染，就给这房子起个名字‘雪堂’吧。”苏轼自言自语道。

万事都能看得开的苏轼现在是一个地道的农民了，每天除了游山玩水、待客、访客外，就一心扑在自己的这片“东坡农场”，还有就是美化自己的“东坡雪堂”。苏轼在雪堂的四面墙壁上画上飞雪，表明自己的高洁志向，又在院子里种上松、柏、梅、竹等花木，雪堂内外被他装扮得素净典雅。

这天，黄州徐太守又来探望苏轼，看到苏轼的这个装修效果，很有意见，对苏轼说：

“这也太清冷萧瑟了吧，满眼见到的都是雪，是不是太过寂寞冷清了？”

苏轼则指着院中的花木，得意地回道：“风泉两部乐，松竹三益友。”这句话的意思很简单，但是意境却很优美，不是谁都能有机会和心境去体会得了的。清风习习，泉水叮咚，奏着清雅的音乐，四季常青的松柏、竹子，傲雪绽放的梅花，便是严冬陪伴自己的最好的朋友了。据说现在松竹梅被世人称之为“岁寒三友”，就是源于东坡的这两句讲解。如此看来，苏轼也算是因祸得福了，否则，他怎么会有如此闲暇来真切地体会人间真正的逸趣呢。苏轼为此还专门写了篇《雪堂记》，其中云：

雪堂其前后兮，春草齐。雪堂之左右兮，斜径微。雪堂之上兮，有硕人之颀颀。考盘于此兮，芒鞋而葛衣。挹清泉兮，抱瓮而忘其机。负顷筐兮，行歌而采薇。吾不知五十九年之非而今日之是，又不知五十九年之是而今日之非。吾不知天地之大也，寒暑之变，悟昔日之癯，而今日之肥。

大体意思是：雪堂的前后春草整齐，雪堂左右有小径蜿蜒。雪堂上住着个贤德的人，隐居在穷处穿着草鞋葛衣。抱着水瓮取清凛的泉水而忘记了人间互相倾轧的机巧；背着斜口竹筐边唱歌边采薇。我不知道今是昨非，还是今非昨是，我不知道天地广大，寒暑易变，明白了昨天是病今天是富足。

这段话，能让我们仿佛看到了又一个陶渊明，芒鞋葛衣，自得其乐地流连于自己的陋室之外，独守着一方心灵的宁静和超脱。

夜幕降临在雪堂四周，僻冈幽坡，一天月色，已是可人，又加以雨后的皎洁月光，透过无尘的碧空，敷洒在澡雪一新、珠水晶莹的万物上，这是何等澄明的境界！这个境界非“市人”所能享有。“日中为市”，市人为财利驱迫，只能在炎日嚣尘中奔波。唯有“野人”，脱离市集、置身名利圈外而躬耕的诗人，才有余裕独享这胜境。那么，在苏轼独有的天地里，难道就没有一点缺憾吗？有的。那大石丛错、凸凹不平的坡头路，就够磨难人的了。然而有什么了不起呢？将拐杖着实地点在上面，铿然一声，便支撑起矫健的步伐，更加精神抖擞地前进了。没有艰险，哪里来征服的欢欣！没有“荦确坡头路”，哪有“铿然曳杖声”！

苏轼把这种感受还浓缩在他的《东坡》诗里：

雨洗东坡月色清，市人行尽野人行。

莫嫌荦确坡头路，自爱铿然曳杖声。

想起当年，白居易贬谪四川忠州时，曾在其地的东坡种植花木，并写下了不少闲适诗，如《步东坡》、《别东坡花树》等，自己此时此境，和白居易何其相似！因为自己的偶像白居易，所以苏轼自号为“东坡居士”。

现在，很多人提起苏轼的时候，叫得最顺口的不是他的名“苏轼”，也不是他的字“子瞻”，而是这个“东坡居士”的号。苏东坡就是靠这五十亩地度过了艰难的四年生活，也是靠这五十亩地成就了一个千古英名。

苏轼一生虽然坎坷，但是在重要关头经常有人相助，主要原因是他才华横溢、为人正直豪放，得到大家的敬佩。黄州的徐太守和对岸的朱太守，都对他诚意相待，常约他饮酒，有时还派人送酒菜给他，比起那些在他放逐之初“无一字见及，有书与之亦不答”的亲友，多少安抚了苏轼这颗饱经沧桑的心。

现在，苏轼有了东坡的这个雪堂，虽然简陋，但是正如刘禹锡所言“斯是陋室，惟吾德馨”“无丝竹之乱耳，无案牍之劳形”，苏轼也经常邀请好友来诗酒酬唱，谈佛论道，在寂寞的放逐生活中，苏轼的心境渐渐平静。

赤壁之下竞风流

赤壁的江风吹散了苏轼郁结的惆怅，赤壁的晓月洞开了苏轼紧闭的心房。徜徉于山水之间，独立于世俗之外，苏轼找到了自己的精神皈依。

贬谪到黄州已经两年了。刚到黄州时，苏东坡对刚刚遭遇的那场政治迫害尚心有余悸，而一旦住下来，融入黄州的山水和百姓生活，天性放达的诗人很快就随遇而安，开始用他那双善于捕捉美和乐趣的眼睛，发掘和享受黄州山水的淳美了，甚至表明心迹："已约年年为此会，故人不用赋招魂。"

在黄冈西北的长江边上，有一处风景胜地。那儿矗立着一座红褐色的山崖，因为形状很像鼻子，人们就称它为赤鼻矶；又因为山崖陡峭如一面墙壁，所以它也被称为赤壁。元丰五年(1082)七月十六日，苏轼与友人在赤壁下泛舟游玩。清风阵阵拂来，水面波澜不起。不多时，明月从东山后升起，白茫茫的雾气横贯江面，清冷冷的水光连着天际。苏轼举起酒杯向同伴敬酒，听任小船飘流到各处，凌于苍茫的万顷江面之上。

酒至酣时情飞扬，苏轼敲着船边，指打着节拍，应声高歌："桂木船棹和香兰船桨，迎击空明的粼波，逆着流水的泛光。我的心怀悠远，想望伊人在天涯那方。”同伴吹起洞箫，按着节奏为歌声伴和，洞箫呜呜作声：有如怨怼有如倾慕，既像啜泣也像低诉，余音在江上回荡，丝丝缕缕缭绕不绝。

突然之间，苏轼的神色惆怅了起来，整好衣襟坐端正，向同伴问道：“箫声为什么这样哀怨呢？”同伴回答：“这里向西可以望到夏口，向东可以望到武昌，山河接壤连绵不绝，目力所及，一片郁郁苍苍。这不正是曹孟德被周瑜所围困的地方么？他是当世的一位英雄人物，而今天又在哪里呢？何况我与你在江边的水渚上打鱼砍柴，与鱼虾做伴，与麋鹿为友，在江上驾着这一叶小舟，举起杯盏相互敬酒，如同蜉蝣置身于广阔的天地中，像沧海中的一粒粟米那样渺小。唉！哀叹我们的一生只是短暂的片刻。”

苏轼问道：“你可也知道这水与月？流逝的就像这水，其实并没有真正逝去；时圆时缺的就像这月，终究又何尝盈亏。可见，万物与自己的生命同样无穷无尽，又有什么可羡慕的呢？何况天地之间，凡物各有自己的归属，若不是自己应该拥有的，即令一分一毫也不能求取。只有江上的清风，以及山间的明月，送到耳边便听到声音，进入眼帘便绘出形色，取得这些不会有人禁止，感受这些也不会有竭尽的忧虑。这是造物者恩赐的没有穷尽的大宝藏，你我尽可以一起享用。”

客人高兴地笑了，洗净酒杯重新斟酒。菜肴果品都已吃完，杯子盘子杂乱一片。大家互相枕着靠着睡在船上，不知不觉东方已经露出白色的曙光……

三个月后，苏轼从雪堂出发，准备回临皋亭。有两位客人跟随着他，一起走过黄泥坂。这时霜露已经降下，树叶全都脱落。三人的身影倒映在地上，抬头望见明月高悬。苏轼四下里瞧瞧，心里十分快乐，于是一面走一面吟诗，相互酬答。

过了一会儿，苏轼叹惜地说："有客人却没有酒，有酒却没有菜。月色皎洁，清风吹拂，这样美好的夜晚，我们怎么度过呢？"一位客人说："今天傍晚，我撒网捕到了鱼，大嘴巴、细鳞片，形状就像吴淞江的鲈鱼。不过，到哪里去弄到酒呢？"

苏轼回家和妻子商量，和苏轼的前妻王弗不同，王闰之不具备大家闺秀的款款风情，她是那种让男人看着踏实温暖的女人。在凶险的政治风波中动荡不安的苏轼，非常需要这样一位朴实贤惠的妻子，给他的婚姻拴上柴米油盐的"安全带"。见苏轼回家要酒，微笑着说："我有一斗酒，保藏了很久，为了应付您突然的需要。"苏轼看着虽比自己年轻十岁却已经因为流离颠沛的生活而有些沧桑的妻子，一股暖流充满心怀。

就这样，三人携带着酒和鱼，再次到赤壁的下面游览。长江的流水发出声响，陡峭的江岸高峻直耸；山峦很高，月亮显得小了，水位降低，礁石露了出来。才相隔多少日子，上次游览所见的江景山色再也认不出来了！

苏轼撩起衣襟上岸，踏着险峻的山岩，拨开纷乱的野草；蹲在虎豹形状的怪石上，又不时拉住形如虬龙的树枝，攀上猛禽做窝的悬崖，下望水神冯夷的深宫。两位客人都不能跟着他到这个极高处。苏轼霍地一声长啸，草木被震动，高山与他共鸣，深谷响起了回声，大风刮起，波浪汹涌。他也觉得忧愁悲哀，感到恐惧而静默屏息，觉得这里令人畏惧，不可久留。回到船上，把船划到江心，任凭它漂流到哪里就在哪里停泊。这时快到半夜，望望四周，觉得冷清寂寞得很。正好有一只鹤，横穿江面从东边飞来，翅膀像车轮一样大小，尾部的黑羽如同黑裙子，身上的白羽如同洁白的衣衫，它嘎嘎地拉长声音叫着，擦过船向西飞去。

过了会儿，客人离开了，苏轼也回家睡觉了。他梦见一位道士，穿着羽毛编织成的衣裳，轻快地走来，走过临皋亭的下面，向他拱手作揖说："赤壁的游览快乐吗？"苏轼问他的姓名，他低头不回答。"噢！哎呀！我知道你的底细了。昨天夜晚，边飞边叫经过我船上的，不就是你吗？"道士回头笑了起来，苏轼也忽然惊醒。开门一看，却看不到他在什么地方。

三个月的时间，苏轼两游赤壁，写下前后《赤壁赋》和那首脍炙人口的《念奴娇·赤壁怀古》，而实际上，这里并不是三国的古战场，只不过因为名字接近而被苏轼"借来"抒情而已。

据陆游《入蜀记》记载："赤壁矶，亦茅冈耳，略无草木。"说这里只是一处不长草木的小土岗而已；南宋诗人范成大《吴船录》也写道："赤壁，小赤土山也，未见所谓'乱石穿空'及蒙茸巉岩之境。东坡辞赋微夸焉。"认为苏轼《念奴娇·赤壁怀古》"乱石穿空，惊涛拍岸，卷起千堆雪"那样气势恢弘、波澜壮阔的景象只是一种夸张的想象。苏轼作为一个诗人，"赤壁"只是作为他抒发感情的载体，景为情用而已。"故国神游，多情应笑我，早生华发。人生如梦，一尊还酹江月。"神游于故国战场，该笑我太多愁善感了，以致过早地生出白发。人的一生就像做了一场大梦，还是把一杯酒献给江上的明月，和我同饮共醉吧！

在黄州这段日子里，苏轼的思想是矛盾的：一方面，他对受到残酷打击感到愤懑、痛苦；另一方面，时时想从老庄佛学求得解脱。同时，在躬耕农事与田父野老的交往中，感到了温暖，增强了信心，也使他的思想更接近现实。他的前后《赤壁赋》正反映了这时的思想情感。

但不管怎样，如果没有苏轼的诗文，赤壁就不会成为一个文化语码流传至今，黄州赤壁确是因苏轼而名。

谪居黄州时期，是苏东坡文学创作的“井喷期”。在贬谪黄州的四年零四个月中，苏东坡为人类文明留下约七百五十三篇文学遗产，其中诗歌约二百四十一首，词七十九首，文约四百五十七篇，赋三篇。正是这样，我们才有幸读到了“大江东去，浪淘尽，千古风流人物”的豪放辞章，感受到了“一点浩然气，千里快哉风”的洒脱奔放，更欣赏到了前后《赤壁赋》的美妙绝伦……

浩然千里快哉风

张怀民和黄州快哉亭都是借着苏轼兄弟而在文学史上留名的，而兄弟二人何尝不是因这亭子，得以尽情抒发自己的胸怀呢！

细细算来，苏轼在黄州已经待了四年。他开始淡忘那些不愉快。初到黄州时"老来事业转荒唐"的无奈与牢骚此时已经淡了，仿佛诗词歌赋、闲云野鹤才是他该有的人生。

这天，黄州又来了一个被贬谪的人。他就是张怀民（名梦得，一字偓佺）。张怀民究竟是因何被贬黄州的，如今已不可考，能知道的只有他不同于我们"打碎了牙往肚子里吞"的苏大夫子，是真正对这贬谪生活乐在其中。

苏轼在与张怀民的相处中真正感受到了快意与闲适。张怀民是个能令人放松的人，他将这世间一切，都看得很开，看得很美。张怀民虽屈居主簿之类的小官，但心胸坦然，绝不因迁谪之事郁郁寡欢，公务之暇，以山水怡情悦性，处逆境而无悲戚之容，是位有过人自制力和品格清高超逸的人。

元丰六年（1083）十月中旬，夜凉如水，东坡雪堂四周的竹树像它们的主人一样，显得孤独寂寥。作为一个被贬谪的朝廷"罪人”，可以想见其交游断绝、门庭冷落的境况；只有月光毫无势利之情，似乎懂得这位迁客的寂寞无聊，在寂寥的寒夜里，依然来拜访他。苏轼被这月光吸引了，不想在这样的夜里早早入睡，便披衣起床，到外面赏月。

一同赏月者应是同心之人，今宵如此皎洁的月光，世上那些庸俗势利之徒是不配来欣赏的，所以，苏轼很自然地想到了一见如故的朋友张怀民，他加快了脚步，来到了张怀民寓居的承天寺。

“原来子瞻跟我一样，也被这月光所吸引，只不过你比我还要有兴致，特地来此找我啊！”两人一起来到院中，月光清朗，洒落庭中，那一片清辉白茫茫好似积水空潭一般，更妙的是，“水”中还有水草漂浮、游荡，于是乎恍然便如仙境一般了。那夜的月亮不知道，在黄州这偏僻的小城中，因为它的清辉，文学史上产生了一篇不朽的散文名篇——《记承天寺夜游》：

> 元丰六年十月十二日夜，解衣欲睡，月色入户，欣然起行。念无与为乐者，遂至承天寺寻张怀民。怀民亦未寝，相与步于中庭。庭下如积水空明，水中藻荇交横，盖竹柏影也。何夜无月？何处无竹柏？但少闲人如吾两人者耳。

文章的意思是：元丰六年十月十二日晚上，解开衣服想睡觉时，月光从窗口射进来，我愉快地起来行走。想到没有可与自己一起游乐的人，于是到承天寺，找张怀民。张怀民也没有睡觉，我们在庭院中散步。庭院中的月光宛如一泓积水那样清澈透明，水中藻、荇纵横交叉，都是绿竹和翠柏的影子。哪夜没有月光，哪里没有绿竹和翠柏，只是缺少像我俩这样的闲人罢了。

这篇《记承天寺夜游》是初中课本上的经典作品。此时的苏轼，已不是“乌台诗案”前那个疾恶如仇，遇有邪恶则“如蝇在台，吐之乃已”的苏轼了，而是处处透着一种光辉温暖、亲切宽和的东坡居士了。一个“闲”字，包含着作者的几多感慨：贬谪的悲凉、失意的落寞、自我排遣的达观，还有悠闲赏月的欣喜。苏轼的一次失眠，为我们留下了这八十五个字的经典之作。

与张怀民相处久了，苏轼发现这位朋友的两件有趣的事：一是他的字，怀民，取其心怀苍生百姓之意。可惜，父母的期望怕是在他的身上实现不了了，自愿也好，被逼也罢，所谓独善其身，闲云野鹤，那才是真正为他量身打造的词。二是他的爱好，虽然比他豁达、洒脱，但却不喜吟诗作赋，倒是对机关灵巧，水土花木颇为心仪。

来黄州不久，张怀民就让苏轼见识了一下他的“巧手”，在承天寺附近不远处，建了一座亭子，以纵览江山之胜概。

那确是座很不错的亭子。苏轼想：与怀民相处下来才知也只有他才会筑得出如此雅致的亭台。黄州山水，苏轼早已尽数看过，可与怀民一道，坐在这亭中看，似乎便有了些不同的滋味，可大文豪苏轼一时间竟找不到合适的词汇去形容那份感觉，忽听怀民叹了一声：“快哉，快哉。”

苏轼仿若被惊醒，“快哉”，不过此二字而已。于是，他放下手中的酒杯，提笔立作《水调歌头·黄州快哉亭赠张偓佺》：

落日绣帘卷，亭下水连空。知君为我新作，窗户湿青红。长记平山堂上，攲枕江南烟雨，杳杳没孤鸿。认得醉翁语，山色有无中。

一千顷，都镜净，倒碧峰。忽然浪起，掀舞一叶白头翁。堪笑兰台公子，未解庄生天籁，刚道有雌雄。一点浩然气，千里快哉风。

“知君为我新作，窗户湿青红”，把张偓佺所建的快哉亭说成特意为自己而造，反客为主、诙谐风趣，点明亭主和自己的密切关系。

平山堂是苏轼的恩师欧阳修所建，其景色“壮丽为淮南第一”。在当时的情况下，平山堂文化内蕴的丰富和文化层次的高雅，是文化人群体中所共同认可的，所以这里是借平山堂来提高快哉亭的文化品位。

苏轼的描写由自然景观到人的精神世界，由风波浪尖上的弄舟老人，引出对战国时楚国兰台令宋玉作《风赋》的议论。宋玉曾将风分为“大王之雄风”和“庶人之雌风”，在作者看来，这是十分可笑的。不仅属于十足的马屁，也是其不解自然之理的明证。这位白头翁的形象，其实就是作者自身人格风貌的一种象征。“白头翁”以其独特的人生体验，参悟透了“庄生天籁”，最后豪迈地发出“千里快哉”的呼喊，词里词外都流荡着一股浩然之气。

于是，这座亭子就有了名字——快哉亭。后来，苏辙第二次来黄州探望兄长，苏轼便将此亭作为为弟弟接风洗尘、介绍他与张怀民认识的地方。

九百多年前的一天，那个远离京师的黄州，一个普普通通的亭子里，站着三个被朝廷遗弃的人，他们空有一腔济世安民的热情，却已被无情的现实磨砺得渐趋平静，转而追求精神的愉悦和与自然的融合。

“士生于世，使其中不自得，将何往而非病；使其中坦然不以物伤性，将何适而非快！”读书人生活在世间，假如他心中不坦然自乐，那么到哪里不都会感到痛苦和不满吗？假如他达观坦荡，不因外物的影响而伤害自己的性情，那么到哪里不都会感到快乐吗？苏辙的《黄州快哉亭记》中的这句话，既赞扬了张怀民，也抒发了同样遭贬的自己不以贬谪为怀，随遇而安的思想感情，何尝又不是苏轼此时的心态呢？

苏轼想起一年前，自己与朋友出游，途中突然遇雨，在朋友扫兴的埋怨声中，自己却浑然不觉狼狈，反而享受了一次雨中漫步的乐趣，自己还为此特意写了一首《定风波》：

> 莫听穿林打叶声，何妨吟啸且徐行。竹杖芒鞋轻胜马，谁怕？一蓑烟雨任平生。
>
> 料峭春风吹酒醒，微冷，山头斜照却相迎。回首向来萧瑟处，归去，也无风雨也无晴。

“回首向来萧瑟处，归去，也无风雨也无晴。”这饱含人生哲理意味的点睛之笔，道出了词人在大自然微妙的一瞬所获得的顿悟和启示：自然界的风雨阴晴既属寻常、毫无差别，社会人生中的政治风云、荣辱得失又何足挂齿？

而此时，与手足情深的弟弟和志同道合的朋友站在黄州的山水间，三人又有着共同的遭遇和心境，一阵微风吹过，仿佛荡尽了几年来郁结于胸中的不平气，剩下的只有一句“快哉，快哉”！

红尘烟火世俗情

常人看来，超然物外必然与世无争，不食人间烟火。苏轼是一个例外，他珍惜眼前人，苦中作乐，将世俗的小日子经营得有声有色。

面对逆境，苏轼以平静、旷达的态度对待之。“自笑平生为口忙，老来事业转荒唐。长江绕郭知鱼美，好竹连山觉笋香。逐客不妨员外置，诗人例作水曹郎。只惭无补丝毫事，尚费官家压酒囊。”初到黄州，正月刚过，又寄居僧舍，却因黄州三面为长江环绕而想到可有鲜美的鱼吃，因黄州多竹而犹如闻到竹笋的香味。苏轼这种“能从黄连中嚼出甜味来”的精神是最应令人钦敬的。

“老妻，快来，牛病了，怎么办啊！”

“它是发豆斑，用青蒿做粥给它喂下去就行了。”

“老妻，黑牡丹要生了，怎么办，怎么办啊……”

“行了，我来吧，你帮帮我就行了！”

黄州的东坡，常常能听见这对“老夫”“老妻”的对话，“老夫”经常是手忙脚乱，“老妻”则常常是一边摇着头一边耐心地“解围”。

“老妻”并不老，王闰之比苏轼小了整整十岁，也不过三十几岁。这个“老”字，正如“老婆”与“老公”这类叫法，都包含“相濡以沫、恩爱久长”的愿望，另外就是稔熟得不分彼此的亲昵。

在精神生活上，王闰之比不得仪态万方、饱读诗书的堂姐王弗，不能与大文豪琴瑟和鸣，然而在日常生活中，苏轼就离不开王闰之了。

王闰之为苏轼生了两个儿子，苏轼被贬谪到黄州时心情郁闷。儿子还小，经常拉扯苏轼的衣服，缠着父亲要父亲陪着玩耍，苏轼刚想训斥儿子一顿，王闰之就说：“儿子是不懂事，难道你比儿子还傻吗？不找快乐，发愁干嘛？”

听了王闰之这番话，苏轼无比惭愧，正在自责时，王闰之已将一杯薄酒摆在他面前了。于是苏轼大发感慨，觉得自己比魏晋名士酒鬼刘伶幸福多了，因为老妻比刘伶的老婆强，刘伶的老婆连酒都舍不得给刘伶喝！

“学士，来尝尝我做的肉，看有没有你的手艺！”

“尝尝看……嗯，不错，看来你已经有我十成的功力了！”

“我记着学士的口诀啊，所以准没错。净洗铛，少著水，柴头罨烟焰不起。待他自熟莫催他，火候足时他自美。黄州好猪肉，价贱如泥土。贵者不肯吃，贫者不解煮。早晨起来打两碗，饱得自家君莫管！”

看着侍妾朝云的布衣荆钗，苏轼的笑容里带着更多的心疼和怜爱，这个昔日的钱塘名妓，最懂自己“一肚皮的不合时宜”，情愿跟着自己受苦，哪怕没有名分也心甘情愿。自己被贬黄州，家中侍妾大都被劝离，只有当时年仅十九岁的朝云洗掉铅华，陪伴着学士远赴贬所。而自己能给朝云的，只有一个侍妾的名分。

按照惯例，做官的一经谪放，正常的俸禄尽数除去，只有微薄的实物可领，苏轼在黄州的生活过得非常艰苦。苏东坡诗中记述："今年刈草盖雪堂，日炙风吹面如墨。"王朝云甘愿与苏东坡共度患难。苏轼平素不太喜欢与妇人厮混，即使是妻子王闰之亦不常见，但是他却乐得与朝云为伴。这份情意，朝云当然甚是感激。在黄州的几年，朝云荆钗布衣，悉心照料着苏轼的生活起居，她用黄州廉价的肥猪肉，微火慢焖，烘出香糯滑软，肥而不腻的肉块，作为苏东坡常食的佐餐妙品，这就是后来闻名遐迩的"东坡肉"。

这种春意盎然的家庭温馨，恰似并不苦口的良药医治着苏轼宦海沉浮中那颗伤痛的心。

苏轼不仅是散文家、诗人、词人、画家，更是一位美食家，即使在偏僻的黄州，窘迫的生活，也不能影响他的食欲。何况，渐渐适应了黄州的生活，身边又有妻妾孩子的陪伴，苏轼的味蕾渐渐复苏，也让他的朋友们多了口福。

文人爱竹，因其高雅，苏东坡用其情有独钟的竹笋和猪肉一起煮，达到了"雅俗共赏"。在一次美食派对上，他信手写下了一首打油诗："无竹令人俗，无肉使人瘦。不俗又不瘦，竹笋焖猪肉。"朋友们被他的话逗得差点喷了酒。

黄州临近长江，因此鱼也成了苏东坡美食的原料，闲暇无事之时，他常常披着蓑衣在江边垂钓，上钩的鱼很快就上了他的餐桌，就连味美却有毒的河豚也成了他常吃常新的美味："竹外桃花三两枝，春江水暖鸭先知。蒌蒿满地芦芽短，正是河豚欲上时。”这首逍遥自在的七言绝句，更是写了春天的竹笋、肥鸭、野菜、河豚，真可谓是美食多多。

苏轼在黄州西山寺游玩时，学会了寺中的一种用山泉水和面做酥饼的方法，回家如法炮制，也成了他招待上宾的点心。

几年的闲居生活让他找到了很多从前没有发现的人生乐趣，他的心情已经不像刚来时的愤懑，开始“享受”这种无人打扰的生活。来黄州三年后，元丰六年（1083），朝云为苏轼生下一子。苏轼时年已经四十八岁，可谓是暮年得子，所以尤为高兴。此时苏轼正遵父遗命为《易经》作《传》，“遁”取自《易经》中的第三十七卦“遁”，是远离政治旋涡、消遁、归隐的意思，可见这个名字，既寓有自己远遁世外之义，又包含着对儿子的诸多美好祝愿。

按照当时的习俗，婴儿满月时替其洗身，称“洗儿”。苏轼在宴会上，不无感慨地作了一首《洗儿诗》，诗道：

人皆养子望聪明，我被聪明误一生。
唯愿孩儿愚且鲁，无灾无难到公卿。

世人生儿育女最大的愿望，就是儿女能聪明伶俐，他自己却不希望有聪明儿女。自己一生聪明，反而备受磨难，非常苦恼，有时候太聪明了，易遭人嫉妒、妨害，就算不遭嫉妒妨害，他也希望自己的孩子有些愚直，有些率真，懂得吃亏是福，难得糊涂，一样可以“无灾无难到公卿”。苏轼喟叹自己自作聪明、不识时务以致落魄至此，在对孩子表达愿望的同时，也讽刺了当时“愚且鲁”的公卿们。

然而，屋漏偏逢连夜雨，遁儿只活了十个月便去世了。苏轼悲痛之情溢满了诗词：“归来怀抱空，老泪如泻水。”遁儿是他与朝云爱的结晶，然而就这样悄然地去了。朝云的悲痛之情更是无可名状，遁儿夭殇，朝云精神的大厦恍若倒去了一半。而年近半百的苏轼何尝不是呢，最亲的人去了，唤起思量，待不思量，怎不思量……

与君世世为兄弟

“打仗亲兄弟，上阵父子兵”一直是中国人特别津津乐道的场景。苏轼与苏辙间手足情深的兄弟情谊堪称时代楷模，令世人感慨、惊叹！

苏轼与苏辙感情十分深厚，苏轼更是十分疼爱弟弟苏辙。小时候，有一块糖苏轼总是塞到弟弟嘴里，有两块苏轼也不肯吃，全留给弟弟。嘉祐元年(1056)，苏洵带着苏轼、苏辙从老家四川眉山来到京城，兄弟俩在第二年(1057)的科举中一鸣惊人。苏轼天资绝伦，是一轮冉冉升起的明月。苏辙知道月亮只有一个，尽管自己也可以发光，但只能是一颗星星。苏辙淡泊名利，把更多的精力用来照顾多病的父亲，膝下承欢尽孝，为苏轼免除后顾之忧。可以说，苏轼的洒脱、豪放，他的名满天下，也有弟弟在背后默默付出的功劳。

苏轼杭州通判任满时，“请郡东方，实欲昆弟之相近”，希望新到任的地方能够离弟弟近一些。但来到密州，兄弟相隔仍遥，晤面艰难。

没想到，当苏轼经历人生大波折时，兄弟二人才有了相对多一点的相处机会。“乌台诗案”中，苏轼以为自己不会有出头之日了，想到自己死后，妻儿家小的凄凉情景，心头蓦地一痛，潸然泪下："闰之和孩子，可怎么办？只能交托子由照顾了……子由怎样了？不知是否也遭了罪？我为什么只想他来救我，却不曾为他着想过？可怜我们兄弟一场，到死不能见面，少年时还约好要'对床夜雨听萧瑟'呢……"悲痛绝望之意，又深了一层："子由，我先走了，兄弟的情谊，只有来生再续了。"

这时，苏轼想到苏辙以前曾多次告诫自己"谨慎择友"，今日果然栽倒在一些"好友"的身上，顿时对子由洞悉人情的能力深表佩服。想想自己曾经得意地对子由说，"上可陪玉皇大帝，下可以陪卑田院乞儿，泛爱天下之士，无贤不肖欢如"，如今又如何？思来想去，不由得苦笑："放眼望去，只觉天下无一个不好人，此乃一病。今日之死，完全是咎由自取，怨不得人！"

此时，很多老朋友都明哲保身，保持沉默，不像沈括那样落井下石，狠踩一脚已经算是厚道了。而此时，一直沉默的苏辙站了出来，奔走呼号，上书皇帝自己要效法缇萦，替哥哥坐牢，并自愿以官职抵罪营救：

……

臣早年失怙恃，惟兄轼一人，相须为命……昔汉淳于公得罪，其女子缇萦，请没为官婢，以赎其父。汉文因之，遂罢肉刑。今臣蝼蚁之诚，虽万万不及缇萦，而陛下聪明仁圣，过于汉文远甚。臣欲乞纳在身官，以赎兄轼，非敢望末减其罪，但得免下狱死为幸。

……

这几句的大意是说，臣自幼和苏轼兄弟相依为命，以前汉朝淳于公犯了罪，他的女儿缇萦请求朝廷将自己收为官婢，以此来赎她的父亲。汉文帝因此免了淳于公的肉刑。如今，臣如蝼蚁般微小的真诚，虽然怎么也比不上缇萦，但是陛下聪明仁圣却远远超过汉文帝。臣想用所在的官职赎臣的兄长苏轼，不敢期望到最后可以减轻他的罪过，只让他不要死在牢狱里已经满足了。言辞恳切，其中的手足亲情让人读来不免神伤。

“乌台诗案”在多方的周旋下终于结案，苏轼死罪赦免，但活罪难逃，被贬到黄州任团练副使，苏辙也因此案被贬为筠州（今天的江西高安）监盐酒税。

临行之际，时值隆冬，寒风凛冽，重见天日的苏轼面对前来送行的弟弟，感慨万千。一直以来，弟弟仿佛是为了自己而活，不但一直默默地替自己照顾年迈的父亲，打理家里的事务，让自己可以尽享自由豪放的生活。现在，为了自己，弟弟又四方奔走营救，甚至受到牵连而贬官，而自己，现在除了这个戴罪之身外，什么都报答不了弟弟，因此番被贬路途遥远，情况不明，远在湖州的家眷还要托付弟弟照顾……想到这里，苏轼忍不住长叹一声：“子由，是我这个做兄长的连累了你啊……”苏辙脸色一变，一边仔细向四周查看，一边急忙暗示苏轼要“三缄其口”，不要深谈，苏轼喏喏点头。

饭毕，霜色仍浓，苏轼带着儿子苏迈骑马离去，回首看到子由拉着家小几十口，站在郊外远远地望着自己。他心里一酸，想停下来，想再跟弟弟叙叙旧，马却飞跑起来，苏辙的乌帽渐渐淡去，终至不见……

也许是老天眷顾兄弟二人，在经历了这一沉重的打击后，苏轼与弟弟的生活轨迹，在经历了若干年的远离之后，有了更多的交集。

苏轼抵黄州，生活安定后，苏辙即送苏轼家眷自南都出发，缭绕百日，经九江至磁湖（现在的湖北黄石市），因风浪所阻，遂入磁湖暂避，但思念兄长之情愈浓。“夜深魂梦先飞去，风雨对床闻晓钟”，苏辙多么希望能立即见到兄长啊。苏轼闻讯赶来，苏氏兄弟畅游磁湖，见到“万顷湖泊一点山”的鲢鱼墩，遂系舟于此，吟咏唱和。此时，兄弟俩都已经年过不惑，经历了人生的大起大落，很多事情都已经看开了。“从此莫言身外事，功名毕竟不如休”，只有手足之情是最真挚、最深刻的。

五月底，苏辙首次抵黄州城，兄弟俩“相聚旬日”，游览了黄州山水。这十几天来，黄州的山山水水留下了苏轼与苏辙的脚印，也见证了苏轼与苏辙的兄弟深情。

苏辙离开黄州后，苏轼作为兄长，时时都在关心他，两人互通信息，交往频繁。有一次，苏辙生病，来信告诉苏轼。苏轼在黄州十分担心，迅速作《次韵子由病酒肺疾发》诗，有“旧人眼看尽，老伴余几个”之叹。

三年后，元丰六年（1083），苏辙第二次抵黄州，看望苏轼，兄弟二人诗文唱和。就在这次的黄州之游，苏辙写下了文学史上的散文名篇《黄州快哉亭记》。

苏轼与苏辙的兄弟情谊，无论在那个时代，还是现在，都堪称楷模。他们两人，一刚一柔，一个潇洒豪放，一个淡泊守志，加上源自于血脉的情结，成就了历史上“兄友弟恭”的范例。苏轼一生起起落落，却始终能以独特的人格魅力收获很多的友情，但是陪伴他生命始终的却只有苏辙一个人。

“乌台诗案”十余年之后，苏辙遵循朝廷“规章制度”，亲手把苏轼葬在距开封不到五百里的郏县。三苏墓园的竹子青翠挺拔，格外茂盛，微风吹过，仿佛在诉说着千年不变的兄弟情……

曲折微妙君臣情

苏轼与神宗的关系很难说清，确切地说是神宗对政治上的苏轼，态度比较复杂。但有一点始终如一：神宗无比欣赏苏轼的才华。

皇室对于人的任用和处置一般首先服从于皇权政治的大前提，所以神宗对于政治上的苏轼态度虽然多半信任，但每每矛盾、暧昧甚至还有怀疑，而对苏轼的才华却从来没有质疑过。在神宗看来，苏轼虽然曾经出言不逊抨击新法，让人懊恼，但无论在政治上还是文化上，的确是个难得的一流人才。宫里的侍卫都知道神宗吃饭的时候，只要停下筷子阅读，那肯定是苏轼的诗文或奏章。神宗对苏轼才华的肯定和折服真是谁也嫉妒、诋毁不了，说苏轼脾气坏、人品差、思想左都可以捕风捉影地迷惑圣上，可诗词文章就撂在那儿呢，谁写得过人家，谁写得比人家好？说什么都无济于事，公认的饱学之士、苏大才子，自称谪仙的天才李白厉害不？神宗认为，李白跟苏轼比，那也要稍逊几分。

在苏轼贬官黄州期间，神宗多次准备起用苏轼，曾与数位宰臣商议让苏轼在中央或者地方出任重要职位，甚至想用苏轼编修皇室极为看重的国史，但都被宰相王珪等人以各式各样的理由掩盖过去。

苏轼在黄州有一段时间，右眼发炎肿痛，病情严重，他不得不闭门谢客，在家静心休养。为了给自己解闷儿，苏轼给自己编了个笑话。苏轼得了眼病，不能吃荤，可嘴巴不答应，它对眼睛说："我是他的嘴巴，你是他的眼睛，给你的待遇为什么那么好，对待我为什么这么刻薄？凭什么眼睛患病却不许嘴巴吃荤？"苏轼没办法公正地判决，于是嘴巴跟眼睛商量说："这样吧，等有一天我嗓子哑了，你眼睛想看什么就看什么，我决不阻拦。"

看看，苏轼就是这样一个能苦中作乐的人，什么痛苦、委屈、不公，在他那里都可以用乐观的方式化解，一笑而过。可是对外界不明真相的人来说，像苏轼这样一个大大咧咧、嘻嘻哈哈的老顽童，几天闭门不出大家都会觉得奇怪，而长达一个多月不见踪影，很多人就难免怀疑，进而确信苏轼凶多吉少了。以讹传讹，三人成虎，最后大家都说苏轼早就病死了！

苏轼的好友、退休大臣范缜听到这个噩耗，情绪非常激动，当即放声大哭，叫儿子赶紧准备金银绢帛前去吊唁。他的儿子为了避免唐突，先派人去黄州探听虚实，才知道是虚惊一场。苏轼知道后不禁放声大笑，同时不免感慨万千，在给范缜的回信中写道："我平生所得到的诽谤诋毁，大体都是这样，我早就见怪不怪了。"

消息不胫而走，传到京城。神宗皇帝当时正在吃饭，他问身边的宰相蒲宗孟是真是假，宗孟回答说："这几天外间都在传这个消息，但还不能确定消息的真假。"听到这里，神宗神情黯然，连连叹气，说：“人才难得，人才难得。”再也吃不下去，推开饭碗，闷闷不乐地回书房了。

当然，这个谣言随着苏轼身体的康复自然烟消云散，但神宗皇帝对苏轼的牵挂与关注却日益加深了。这与神宗这一时期思想的发展变化有直接关系。从神宗即位到神宗元丰六年(1083)，变法已经持续了整整十六年。随着变法的一步步推进，神宗的用人思想逐渐由专用新法人物转向兼用新旧两派人物。但是要迅速启用司马光等反对派的领袖人物，时机还不成熟，于是苏轼开始进入神宗关注的视野。

比起司马光，苏轼的目标要小得多，起用他也许不会引起政坛太大的震动，却可以给旧党人物传递一个善意的信息。苏轼在黄州经过了四五年的反省历练，重回朝廷后应该不会惹出什么太大的麻烦，起码能够与自己保持某种协调与默契。

权衡形势、考量得失，元丰七年(1084)，神宗下诏：“苏轼黜居思咎，阅岁滋深。人才实难，不忍终弃。”苏轼在黄州经历了生活与人生的磨砺与反省，四年零两个月后(即元丰七年四月)从黄州团练副使改为离京城较近的汝州团练副使。苏轼此次改判汝州，表明苏轼与宋神宗、与变法派新党之间的关系开始发生微妙的变化，实际上是表达了神宗要借助新党与旧党两方面力量来推动变法的意愿。

苏轼途经九江，游历了庐山，写下了著名的《题西林壁》：

横看成岭侧成峰，远近高低各不同。

不识庐山真面目，只缘身在此山中。

诗人没有像其他诗人那样就山咏山，而是在引导人们思索：大家所看到的万千异态不过是一斑局部，想了解庐山的本来面目吗？那就必须超然于庐山之外，统观全貌。诗人在提醒人们：在认识你周围的事物时，莫要"身在此山中"，若要识得"真面目"，便不能被"远近高低各不同"的幻觉所迷惑，"旁观者清"需要通览全局，真相其实隐藏在"横看成岭侧成峰"的背后。

身处山中，反而看不清山的真实面目，那么对这番云谲波诡的政治，苏轼是不是也迷糊了呢？其实不然，以苏轼的洞察力应该还是明了的，但苏轼是个积极入世、有所为的人。虽比不了屈原"虽九死其犹未悔"的孤绝，但只要肯给机会，苏轼甘心情愿为大宋江山鞠躬尽瘁。

同年六月，苏轼与长子苏迈游览了鄱阳湖口的石钟山，写下了著名的《石钟山记》：

"《水经》云：'彭蠡之口，有石钟山焉。'郦元以为'下临深潭，微风鼓浪，水石相搏，声如洪钟'。"是说也，人常疑之。今以钟磬置水中，虽大风浪不能鸣也，而况石乎？至唐李渤始"访其遗踪"，得双石于潭上，"扣而聆之，南声函胡，北音清越，桴止响腾，余韵徐歇"，自以为得之矣。然是说也，余尤疑之。石之铿然有声者，所在皆是也，而此独以"钟"名，何哉？

元丰七年六月丁丑，余自齐安舟行适临汝，而长子迈将赴饶之德兴尉，送之至湖口，因得观所谓石钟者。寺僧使小童持斧，于乱石间择其一二扣之，空空焉，余固笑而不信也。

至莫夜月明，独与迈乘小舟至绝壁下。大石侧立千尺，如猛兽奇鬼，森然欲搏人；而山上栖鹘，闻人声亦惊起，磔磔云霄间；又有若老人咳且笑于山谷中者，或曰："此鹳鹤也。"余方心动欲还，而大声发于水上，噌吰如钟鼓不绝。舟人大恐。徐而察之，则山下皆石穴罅，不知其浅深，微波入焉，涵淡澎湃而为此也。舟回至两山间，将入港口，有大石当中流，可坐百人，空中而多窍，与风水相吞吐，有窾坎镗鞳之声，与向之噌吰者相应，如乐作焉。因笑谓迈曰："汝识之乎？噌吰者，周景王之无射也；窾坎镗鞳者，魏庄子之歌钟也。古之人不余欺也。"

事不目见耳闻而臆断其有无，可乎？郦元之所见闻，殆与余同，而言之不详；士大夫终不肯以小舟夜泊绝壁之下，故莫能知；而渔工水师虽知而不能言：此世所以不传也。而陋者乃以斧斤考击而求之，自以为得其实。余是以记之，盖叹郦元之简，而笑李渤之陋也。

文章通过记叙作者对石钟山得名由来的探究，说明要认识事物的真相必须"目见耳闻"，切忌主观臆断的道理。

对于这样一处景点的名字，苏轼都认真地去考证，那么对于人呢？这次去汝州并没有走直达路线，而是特意绕了个远道奔江宁而来。是单纯游山玩水吗？当然不是，苏轼心里牵念着时事，此次来江宁正是为真正"认识"一个故人，这个人就是政坛上曾经炙手可热、让苏轼宦海沉浮的王安石。

相逢一笑泯恩仇

苏轼与王安石可以说是一对欢喜冤家，曾经因为新法旧法而打得不可开交。世事变迁，两人不但达成谅解，甚至惺惺相惜。

在苏轼被贬的同时，作为变法的核心人物，为大宋江山社稷励精图治的王安石的命运又怎样了呢？是不是变法势如破竹，其人如鱼得水呢？答：非也，非也！

虽然还是新政时期，但由于新法推行并没有取得预想的成绩，从宋神宗熙宁三年(1070)到熙宁九年(1076)这六年的时间里，王安石两次被拜为宰相，又两次被罢免宰相职务，充满了悲剧色彩。在此期间，他亲手提拔的亲信背叛了他，三十三岁的儿子又不幸早逝，王安石悲愤交加，万念俱灰。熙宁九年，他归隐江宁(今江苏南京)，住在钟山附近的半山园八年，不问世事。

苏轼同王安石在变法问题上曾产生许多矛盾，有许多对立的意见。王安石在神宗面前曾多次极力阻止苏轼在中央任职，苏轼也一度认为王安石处处与自己过不去，处处为难自己，是个心胸狭隘、嫉贤妒能的小人。

其实很多事王安石也出于无奈，王安石变法时曾经想争取苏东坡兄弟的支持，但苏东坡总是和王安石唱反调，倒是苏辙稳重一些，于是王安石曾经任命苏辙负责新法起草工作。那是非常关键的职务，但苏辙基本观点与王安石多处对立，因此被调离。但王安石执政时，苏东坡绝对不会遭遇那么严重的打击。

抛开纷繁复杂的政治分歧，王安石十分钦佩苏轼的文学才华。苏轼在黄州时，王安石时常关注苏轼的创作情况。每次有人从黄州来江宁，王安石总是忍不住会问："苏轼近来有什么妙语啊？"有一次，有人乘船自黄州来江宁，见到王安石，说苏轼住在临皋亭夜晚喝得酩酊大醉，醒后写成一篇很精彩的《成都圣像藏记》，抄本现在就在江边的船中。王安石听后立刻派人从船上取来文章。当时正是月色晦暗不明时分，王安石急于一睹苏轼新作，都等不及书童点灯就站在屋檐下，借着微弱的天光读起来。一边读，一边称赞："子瞻，真是人中之龙啊！"通读全篇后，又忍不住评论说："文章确实写得精彩，不过，有一个字用得不大贴切。"来人忙问是什么字，王安石说："文章末尾处说如人善博，日胜日贫。如果改为日胜日负就更准确了！"后来此话传到苏轼那里，苏轼不禁抚掌大笑，认为王安石的确是自己的一字之师，欣然提笔改"贫"为"负"。

而且王安石还以退休宰相身份从江宁寄奏章给神宗，为深陷"乌台诗案"的苏轼开脱："哪有国家正在用人之际，反而为些文字小事去杀有才华士子的道理呢？"此事记载在宋人周紫芝的《诗谳》中，文中原句是："岂有圣世而杀才士者乎？"平民王安石能抛弃政见，为昔日政敌说情解难，可见王安石胸襟非同一般，人品可称亮节。认为天下都是好人的苏轼当然更不会无视这样一位关系纠结的好人。

苏轼本来就是个豁达大度的人，何况黄州四年多的经历，对于新法的实施有了最直接、最深刻的体会，对王安石也多了一些理解，甚至在政治上还给予王安石一些期望。所以黄州归来后的苏轼对过往周遭的一切纠葛毫不介怀，去汝州特意绕道江宁会见已经下野闲居的王安石。

王安石穿着便服，骑着毛驴，来到江边见苏轼。此时苏轼见到的王安石精神面貌远不是从前的样子，简直判若两人。昔日那个叱咤风云的大宰相，现在神情落寞萧索，看起来就是一个孤独的老人！此情此景让苏轼心里边既是酸楚、又是感动，百般滋味涌上心头。苏轼好不容易收起万千感慨，紧走几步迎上前去。因为同样穿着便装，于是开玩笑说："我苏轼今天是穿着野服来见大丞相啊！"王安石说："礼仪难道是为我们这些人设的吗？"两人都放声大笑，相约游山玩水一起诵诗谈佛，相互唱和。

苏轼知道王安石有学问，但以前总认为他太喜欢标新立异，难免华而不实，曾经多次嘲讽王安石《三经新义》，尤其是针对其自以为是的"字源说"。近距离接触后，发现其实不然。二人曾在一起欣赏苏轼的密州旧作《雪后书北台壁二首》。王安石特别欣赏"冻合玉楼寒起粟，光摇银海眩生花"两句，认为用典精妙。王安石的女婿蔡卞表示不理解，问王安石："这不就是描写雪景的诗句吗？将雪中的楼台比作玉楼，将漫天飞雪比作银海，哪有什么典故呀？"王安石问蔡卞"寒起粟"与"光摇"的涵义，蔡卞说不知，王安石解释说："在道家典籍中，将双肩比作玉楼，将双目比作银海。因此这两句诗的意思就是：天气寒冷，冻得人耸起肩膀，直起鸡皮疙瘩；满世界的雪花让眼睛昏花，看不清楚。"苏轼听完，会心地笑了，不禁感慨：王安石的确有真才实学，的确博学多闻。因为这两句诗自问世以来，还没有人看出这个典故。

以前苏轼觉得王安石这个人固执己见，独断专行，刚愎自用。通过江宁的实际接触发现，今非昔比。一次，二人在一起谈天说地，正言语投机，苏轼突然很郑重地说："荆公（王安石致仕后被封为荆国公），我有话要对你说。"王安石一听苏轼的语气，以为苏轼要提及两人之间过去那些不愉快，十分忐忑不安，毕竟过去不管什么原因，苏轼和自己确实有过一些不愉快的往事。苏轼看出来王安石的心思，连忙说："荆公不要误会，我所要说的是关系天下安危的大事。"王安石这才放松下来下紧绷的神经。苏轼说："穷兵黩武、大兴冤狱，这是汉唐盛世灭亡的先兆。自从太祖皇帝立朝以来，以仁厚治理天下，就是为了避免重蹈覆辙。如今朝廷连年与西夏交兵，屡战屡败。而蔡确（王安石提拔的变法派新进之士）等人又在东南一带大兴冤狱。您为什么不挺身而出，仗义执言，解救这种危难的局面呢？"王安石摊开两手，无奈地说："这两件事情都是吕惠卿（王安石提拔的变法派新进之士）他们做的，我现在告老还乡了，不在其位不谋其政，还多说什么话啊？"苏轼严肃地说："你说的有道理。在其位则言其政，不在其位则不言其政，但这是大臣侍奉皇上的常规礼仪。当今圣上以非常之礼待您，您又怎能以常规之礼对待圣上？"王安石虽然对政治已心灰意冷，但见苏轼如此关心国家危难，深深感动，表示："子瞻不必再说，我一定向皇上进言！"

度尽劫波兄弟在，相逢一笑泯恩仇。可以说六十三岁的王安石与四十七岁的苏轼非但不是兄弟，一段时间里还是水火不容的政敌。他们之间过去积下不少的恩恩怨怨，但是，凡此种种都是为了江山社稷、为天下公利而结下的公开龃龉，并不是出于权欲、地位的私利之争。作为同时代屈指可数的政治家、学者、文学家、思想家，他们不仅不存在私人的争名逐利，还是文学和思想上难得的知音。会面以后，两人还相约在江宁购田置地，安享天年，但这个愿望最终也只是愿望罢了。

元祐元年，王安石去世。人死为大，朝廷命人给王安石起草悼词《王安石赠太傅敕》。圣旨是追赠给死者太傅荣衔，通常就是写些歌功颂德文字的褒奖文章。也不知道是谁出的主意，朝廷把这个任务交给了苏轼。苏轼和王安石的关系缓和未必有多少人知道，但以前积怨颇深的情况无人不晓，让苏轼来写这样的文章不是明显在难为苏轼，让苏轼难堪或者故意来考验苏轼吗？全褒地写，说你苏轼虚伪；多贬地写，说你苏轼不厚道，况且这种文章是不允许强塞一个贬义词的。

可实际上，想看文章大家苏轼的笑话可不容易！苏轼的文章精彩绝伦，高度概括王安石的丰功伟绩，是大手笔。

> 敕：朕式观古初，灼见天意。将有非常之大事，必生希世异人。使其名高一时，学贯千载：智足以达其道，辨足以行其言；瑰玮之文，足以藻饰万物；卓绝之行，足以风动四

方。用能于期岁之间，靡然变天下之俗。

具官王安石，少学孔孟，晚师瞿聃。罔罗六艺之遗文，断以己意；糠秕百家之陈迹，作新斯人。属熙宁之有为，冠群贤而首用。信任之笃，古今所无。方需功业之成，遽起山林之兴。浮云何有，脱屣如遗。屡争席于渔樵，不乱群于麋鹿。进退之美，雍容可观。

朕方临御之初，哀疚罔极。乃眷三朝之老，邈在大江之南。究观规摹，想见风采。岂谓告终之问，在予谅暗之中。胡不百年，为之一涕。于戏！死生用舍之际，孰能违天？赠赙哀荣之文，岂不在我！宠以师臣之位，蔚为儒者之光。庶几有知，服我休命。

敕文以皇帝的口气夸奖去世的老臣，将王安石一生的轰烈和争议融入不过三百余字的短文中，精工典雅，收放自如。

“学冠千载”对王安石的学识极尽夸饰；“浮云何有，脱屣如遗。屡争席于渔樵，不乱群于麋鹿。进退之美，雍容可观。”赞誉了亡者不恋高位的超脱，并表达了自己的羡慕意味。文章出自苏轼的本心，对王安石的一生给予了极高的评价。

置家常州转头空

苏轼有过在常州安家的计划，可两次机会都失去了，一次因为窘困，一次因为同情。但没有住上理想宅院的苏轼却留下千秋佳话。仅此一事就足以证明他的高尚！

苏轼辞别王安石后，带全家顺长江东下，没有急于去汝州上任。这时候的苏轼，想要实现心里一个由来已久的打算。

由于宋朝对地方官的任职时间有明确的规定，再加上一贬再贬，苏轼从二十六岁走上仕途，已近二十五年，在一个地方停留最多就是三四年，总是辗转各地、东西漂泊，心里很是缺少安定感。而跟王安石会面后，王安石的劝说也起了推波助澜的作用，苏轼想：是时候找个宜居的地方建个属于自己的家园了。虽然做官身不由己，改变不了四处奔走的模式，但是在一个固定的地方有个温暖的家等着自己定期归来，应该还是可以做到的。

把家安在哪里呢？其实苏轼很留恋黄州的农场和雪堂，但回黄州是不可能的。苏轼曾经跟朋友至交如佛印、范镇、张方平等说过安家的打算，也希望他们帮忙物色合适的地点，谁知道这几位，都争先恐后地说自己居所附近就好，明显是争相抢“夺”苏轼和他们做邻居。苏轼对他们的“如意算盘”心知肚明，也对扬州、镇江、许昌、南都这几处认真考虑了,但综合来看苏轼对其中哪个地方都不怎么感兴趣,这几个朋友白跃跃欲试了。

进一步考察,苏轼发觉太湖地区不错,山明水秀,土地肥沃,买个农场,安置下来也不亚于黄州。恰好太湖南岸的湖州太守胜元发是苏轼的好友,再具体了解,胜太守说常州太湖左岸的宜兴不错。苏轼去看,果然中意,就决定在那里安居了。当即向皇上请奏,毋庸置疑,皇上既然打算重新启用苏轼,自然给予批准。

胜元发一听说苏轼已经定下来在自己地界附近安居,想几个好友对苏轼的"角逐"中自己竟然能胜出,也不枉担了胜太守的姓氏,欣喜若狂,马上带苏轼去看他早就知道的一块带着庄园的好地。

苏轼乘舟而行,转过一排陡峭的山峰,进入荆溪,眼前豁然开朗:果然是名不虚传的好地。视野开阔,土壤肥沃,水源充足。还没下船,苏轼就暗自想:我最拿手的就是嫁接柑橘了,买这块地我就种它三百棵柑橘,多美啊!

可惜待仔细一问,苏轼傻眼了。面积也太大了!做官拿朝廷俸禄就应该为老百姓多做事,苏轼做的就是这样不负众望的好官,满腔热忱,作风随性,对个人的钱财得失没有什么概念。当然,刻意的清正廉洁也同样不是苏轼的风格。本来在被贬黄州时经济就不充裕,但毕竟安居一地,实在不济,自力更生还可以创收。而离开了黄州,这一路一家子的开销剧增,到了常州苏家的积蓄就剩几百缗钱了。明白自家财政状况根本无力支付,苏轼只好饱饱眼福,就打道回府再琢磨其他合适的地儿了。

话说胜太守那边，万分珍惜给苏轼物色居所的机会。

这天兴冲冲地来找苏轼："子瞻，刚刚属下向我介绍了一座宅子，虽然年头多点儿，但修缮一下居住完全没有问题，环境好、面积大，关键是还便宜，快跟我看看去！"

苏轼几日来为这事真有点发愁，钱太少了，买个像样的住处很不容易。听胜太守这么一说，将信将疑，"当真？有这等好事？"胜太守看苏轼不相信，道："眼见为实，看看不就知道了嘛！"

二人当即出门，来到所说的老宅。苏轼看去，果真不错。虽说外观比较老旧，但完全可以修葺一新，院落宽敞，格局有序，环境清幽。

"怎么样，满意吧？"胜太守见苏轼的神情猜着了九分，故意问。

"满意是满意，可是——"苏轼支吾。

"担心钱？上次因为钱不够让你空欢喜，你说这次我还会重蹈覆辙吗！"胜太守对上一次明显过意不去，继续说"放心吧，这次确定你是捡了大便宜。五百缗这宅子就归你了。"

苏轼大喜，马上回家取五百缗钱交给胜元发全权办理过户手续。

这几乎花掉了苏轼所有的钱，以后一大家子的生活就要靠借债维持了。但是，苏轼就是个乐天派，大风大浪都一笑而过，经济困难算得上什么，富了富过，穷了穷过，没了就再想办法！总之，没钱的尴尬抵不住即将有家的兴奋，苏轼满心欢喜期待着搬迁新居。

可是万没料到，苏轼还沉浸在终于落实了安居工程的欢喜中，却应了人们常说无巧不成书的话。

这天，苏轼与好友邵民瞻饮酒畅谈，顺便也告知本家即将到来的乔迁之喜。两人都很高兴，从酒家出来，安步当车，边走边聊。

经过一家破屋，听见里面隐隐传出女人的哭泣声，俩人都属于好事的人，想知道究竟，推门走进去。

一个形容枯槁、衣衫褴褛的老妇人，蜷缩在门窗尽坏、破烂不堪的屋子里，满脸泪痕。见老妇人光景可怜，俩人上前忙问她为什么独自一人在这里，还哭得这么伤心。

那老妇人见来人面善，也不隐瞒，一股脑地哭诉："都是我那败家的儿子，把唯一的祖业卖给了别人，使得我不得不从那老宅中搬出来，我在那所房子里已经住了快一辈子了，你们说他为了钱，怎么就这么忍心啊！"

苏轼听得心惊，预感不妙。再详细一问，果不其然，苏轼这下又傻眼了！原来那老妇人所说的老宅祖业正是他刚用五百缗钱买的居所。

苏轼傻眼是觉得这事情太巧了！可是，确认就是这么巧以后，没有犹豫，立即叫人取来房契在老妇人面前烧掉。

这还不算，帮人帮到底，第二天又把那个老妇人说的"败家子"找来，让他把老娘接回老宅，恩威并施，叫他好好侍候。至于那五百缗钱，既然已经过手了，苏轼是压根儿没想拿回来，老妇人年高体弱，这钱能让她安度晚年再好不过。

屋漏偏逢连夜雨，命运跟苏轼开了一个对于这时候的苏轼来说挺大的玩笑。这次的安居计划自然是泡了汤，而且竟使经济紧张的苏轼血本无归，赔了个精光！

这是苏轼经济最为拮据的时期，已近赤贫。这个时期苏轼给朋友写的诗中几次都提到饥饿，有首诗里甚至自比为夜里出来到处觅食的饥饿老鼠，全家都已经挨饿了！但就是在这种情况下，苏轼完全不考虑自己的生存危机，对一个素昧平生的老人慷慨相助。这才是一个真正的伟人的真正伟大的慈悲！

无愧五日登州府

苏轼在登州仅任职五天，却积极作为，深入了解民情，解决了长期困扰当地百姓的“官盐”问题。

元丰八年（1085）三月，神宗驾崩，新天子年方九岁，高太后摄政。太后最恨新法，立刻启用以司马光为代表反对新政的保守派人士。王安石新政之初，苏轼曾极力反对，几年之间因反对新法殃及祸患，这样无论太后还是司马光，自然把苏轼列为同盟，还在常州陷入窘困的苏轼，此次真是否极泰来了。

六月，迟迟没到汝州任所的苏轼接到了时来运转的信号，被任命为登州太守。“转型”时期，苏轼就知道朝廷不会让自己偏安一隅，但也没想到这登州太守会仅做五天。五天能做什么？有的官儿也许歇气还没歇够，有的官儿恐怕安家还没安完，有的官儿景可能还没看完。可苏轼丝毫没有耽搁，下车伊始，立刻投入办公。

初来乍到，要例行与新部下谈话，一向不拘礼法的苏轼倒情愿办些实事，不大乐意做这种纸上谈兵的官样文章，所以勉强维持仪态，召集登州的部下来堂上，听他们汇报工作。

这些部下中有的很会察言观色，见苏轼情绪恹恹地，明显不是倦了，就是厌了，也就投其所好地稍稍说一些无关痛痒的话，走走过场作罢。

可是，偏偏其中一个原来的主簿，是个工作认真的主儿，也没什么眼色，不顾新太守舟车劳顿，也看不到新太守兴味索然，觉得登州的问题不少，恨不得一下子都讲给新领导听。因此，大事小事，一个劲儿地说。苏轼先入为主，以为这种场合讲的话也没什么实际内容，所以有一搭没一搭地听，也没怎么往心里去。后来见那主簿的嘴不停地一开一合，实在不耐烦了，也不好制止，按捺不住顽皮的天性，想捉弄一下这个主簿。于是，趁这主簿正好提到杜甫，苏轼见缝插针，道："这位主簿，你且先停一下。我初来登州，对这里的风物不熟悉，你刚刚又提到杜子美，我忽然想起他的一句诗'江湖多白鸟'，这白鸟莫非就是指本地水边鸥鹭之类的东西？"

本是无聊至极想调侃调侃这位白话太多的主簿来解解闷，没想到那主簿立即回答："白鸟乃蚊蚋，以比喻一些贪赃不干事的官员！"

苏轼听了立刻收敛了轻薄的态度，正襟危坐，开始恭恭敬敬地听这主簿说话。离开登州之前，特意嘱咐后来的太守对这位主簿委以重任。

从这件事可以看出，苏轼的博学和诙谐相辅相成，常常在不动声色的旁征博引中显露善戏谑的天性；苏轼是个很平民化的官，否则主簿也不会那么多话；苏轼是个胸有城府的人，不以第一印象为成见，而是唯才是用，唯德是举。

苏轼是写诗弄文的高手，不仅如此，也是个颇有作为的官员，尸位素餐的“白鸟”是为苏轼所唾弃的。所以无论到了哪里做官，苏轼眼睛都密切关注着民生。

听完汇报，稍事休息，苏轼第二天就换上便装，开始实地走访，考察登州当地风土民情。

走走停停，发现了一些问题，苏轼暗自记下。到了正午时分，肚子饿了，走进路旁的酒家要了几样简单的饭菜。夹菜入口，淡而无味，苏轼叫来小二：“叫你们店主来！”

小二见苏轼虽身着便装，但气宇非凡，不敢怠慢，赶紧去找老板。

店主上前，毕恭毕敬地问苏轼：“不知道客官您有什么吩咐。”

苏轼抬头，笑眯眯地道：“吩咐不敢说，请教您个问题，您可说说‘大雨哗哗飘湿墙’一般因为什么？”

店主倒是个聪明人，立刻明白了：“您是说我这菜‘无盐’的意思吧。您应该不是本地人，初来登州？”苏轼点头。

“难怪您有所不知。登州这地方别的还好，就是老百姓吃盐太困难了！不是我不想放盐，而实在是没盐可以放。”店主无奈地说。

苏轼听店主这么说，不觉皱眉，道：“登州临海怎么还会缺盐？刚走过海边，岸上到处都是白花花的盐巴！”

“您没听过‘官盐’一说吗？朝廷的法令谁敢违背？宁可吃不上盐，也不要脑袋啊。”店主一边说一边比划着嘴和头。

苏轼以前在其他地方没遇到过这种情况，刚才自己光顾着奇怪这里的荒唐现象，一时竟忘了朝廷的相关法令。

宋朝法律规定，所有百姓必须食用官盐，由朝廷统一派送。所以虽然登州临海，白花花的海盐几乎遍地，老百姓却不能食用，必须由政府从外地运盐到登州！且派送数量有限，又不及时，造成了登州百姓吃盐困难。

苏轼又气又急，心说："这法律也太教条了，老百姓多遭罪啊！"

苏轼决心一定要帮登州老百姓尽快解决这个问题。回去后，又多方了解，知道不仅登州，莱州也是一样的情形。

苏轼准备就这两地的食盐问题起草奏章呈请皇上。可是还没来得及写，朝廷的调令来了，被召还朝任礼部郎中。这样，苏轼在登州任职仅短短五天就离开了。

卸任登州后，苏东坡回到朝中，丝毫没有忘记这个涉及登州民生的问题，立即上疏《乞罢登莱榷盐状》，陈述"登州、莱州百姓食官盐，官无一毫之利而民受三害"的事实，使登莱百姓自此终于可以不食官盐。

以后本地老百姓为纪念几日之间便造福一方的苏轼，修建了苏公祠。以至古登州境内的蓬莱至今流传着"五日登州府，千年苏公祠"的佳话。

五日登州太守，席不暇暖，苏轼以礼部郎中被召入京。当时很多人看来，苏轼是熬得云开见月明。不过，他们不知道，此苏轼已非彼苏轼也。

误挂世网动惊俗

经历诸多的起伏波折，苏轼对新法已有新的认识。重入京城官邸，苏轼本性难移，实事求是，直抒胸臆，渐为以司马光为代表的旧党阵营所不容。

苏轼从东海边的登州赶到京城汴梁用了一个多月，相较于之前赶赴汝州的速度那是非常之快的，可与入京以后的升职速度相比这又是慢速了。

从元丰八年(1085)五月到元丰九年(1086)九月，短短的十七个月里，苏轼从一个地处偏远之州的犯官以火箭速度一路直升到三品大员，提升了六个品级，飞跃了十二个官阶，距离宰相只有一步之遥！

黄州以后的苏轼，经历了人生诸多的起伏波折，尤其是被贬时期对人生有了更加深切的感悟，对自己做了更深刻的反思后，苏轼已经不再是满腔热血、容易冲动、义气用事的书生了！此时此刻的苏轼更多的是清醒、理性、宽容和达观。

苏轼此次返京升迁当然主要是源于他早期属于旧党阵营的关系，然而苏轼辗转流离经历了种种，亲眼目睹了新政下的民生实况，对变法多了一分分析，对反对变法多了一分理智的反省。

江山易改，本性难移，既然有了更直接、深刻的认识和体会，苏轼就不会和光同尘，就不会怕否定自己，就要实话实说，不会为谋求官位而一味地否定新法。

具体来说，苏轼回京以后表明对待新法的态度是八个字：“校量利害，参用所长。”意思是：权衡新法的利害得失，选择那些对国家百姓确实有利的政策继续施行，也就是对待新法要具体问题具体分析，要实事求是。苏轼非常反感当初王安石狂飙式地推行新法方式，反感新法人物否定一切的态度；同样，他对于现在旧党人物上台后不加分析地全面推翻新法，盲目否定一切与新法有关政策的行为也非常反感。其实说白了，在苏轼眼里新法旧法的区分并无意义，所以用不着那么不共戴天。什么新的旧的，只要利国利民的，就应该继续施行，反之，苏东坡第一个反对，对事不对人，无论是位高权重、龃龉颇多的王安石，还是德高望重、私交甚笃的司马光。

宋哲宗元祐时期，旧党全面复辟，司马光主持朝政。司马光不仅学识渊博，而且谨言慎行、德高望重，是当朝的道德楷模。他与高太后达成共识，认为神宗皇帝、王安石的变法求新已完全失败，没有任何存续价值，当务之急就是要罢废新法，恢复宋仁宗时期的政治格局。所以司马光执政之后，就有计划、分步骤地起用反对变法的大臣们，并陆续废除新法法令。

苏轼很清楚当前的形势，在《与杨元素书》中曾经清楚地写道：“过去的君子以王安石为榜样，追随他；现在的君子以司马光为榜样，追随他。”然而苏轼不会随波逐流，所以继续写道：“我与司马光彼此是多年相知的老朋友，关系亲密无间，但是我却不会盲目地追随他。”率真执著的做人原则，实事求是的办事方针，一吐为快的言行方式，就不会对司马光的做法保持缄默，这样也就必然与司马光产生巨大的矛盾，换句话说，作为一个曾经被新党迫害的旧党人物，苏轼回到朝廷后，由于自身政治观念的转变，又开始与自己所属的政治派别发生了不可回避的矛盾。

苏轼是个敢说敢为、勇于担当的人，天生不会明哲保身，遇到不合理的事情做不到视而不见、听而不闻。还是六品起居舍人小官时，苏轼就开始针对新法与三品大员的司马光顶牛了！顶牛的主要原因是司马光对新法一刀切，具有代表性的就是苏东坡坚决反对废除免役法。

在宰相政事堂里，苏轼与司马光就免役法的存废问题针锋相对，争得面红耳赤，不可开交。

司马光坚决地说：“免役法加重了老百姓的负担，形同敛钱，必须废除！”

苏轼反驳说：“您只见树木，不见森林。施行免役法是有这个弊端不假，但总的来说利大于弊。”

司马光不以为然地说：“那你倒说说看，怎么个利大于弊？”

苏轼分析道：“您知道，中国的秦朝之前兵民不分的，是秦始皇开创了国家的常备军，其后历朝沿袭下来这种专业军队。到太祖出于稳定社稷江山的考虑，改行差役法，士兵由轮流当差的农民组成，避免了地方官吏拥兵自重，这固然有道理。但现在的情况有所不同了，宋室外患频仍，辽、西夏两大强敌虎视眈眈于北、西两面，如果不尽快恢复军事力量，国家危在旦夕！免役法虽然增加了农民的负担，但也增加了国家的税收与军事力量，能够使军队恢复专业性，增强战斗力，这于现在的我们是项积极的举措……"

苏轼条分缕析，说得头头是道，可司马光那边早就听得不耐烦了，打断苏轼说："好了，不要说那么多了，君以民为天，免役法从百姓那里敛钱必须彻底废除。你当初不也是这么认为的吗？"

苏轼被强行打断很生气，但还是压下火气，慢慢说："当年您做谏官时，与宰相韩魏公（琦）争论朝政得失，魏公虽然很不高兴，您依然奋然不顾地说下去。如今您当了宰相，难道就不能允许我把话说完吗？"见苏轼提起往事，司马光不得不勉强收起怒色，笑笑表示歉意。

苏轼接着说："我当初反对免役法，也是跟您想得差不多，没做太多深远、实际的考虑。可在朝廷之外的这几年，亲眼目睹了许多事实，发现自己以前的一些看法失于片面和主观，其中就有这免役法。君以民为天说得没错，可国难当头啊！国之不存，民将焉附？免役法实施过程中注意安抚百姓，百姓也会慢慢接受和理解。"

司马光说不过苏轼，也不好再制止苏轼说下去，但废除免役法的心意已决。

苏轼舌敝唇焦地讲明利害，司马光就是恹恹地似听非听的样子。

苏轼了解司马光的脾气，知道自己的话算是对牛弹琴了。愤然起身，道："废除免役法就是亡国之道！"说完拂袖而去。

一想司马光的固执己见、油盐不进，苏轼就气得七窍生烟。退朝回家后，还是怒气冲冲，一边卸巾解带，一边连声怒呼："司马牛，司马牛！"司马牛本是孔子一名学生的名字，苏轼想表达司马光太倔强，简直就是死牛筋，一根筋，所以脱口而出"司马牛"！提醒没用，在朝堂上据理力争、公然反对也没用。

果然，如其所料，司马光事后依然故我，对苏轼的意见置若罔闻。

苏轼平日为人随和大度、不拘小节，是个"上可以与玉皇大帝聊天，下可以陪卑田院乞儿"的好好先生，但由于对新法坚持辨证取舍，现在的苏轼上与宰相不和睦，下与同僚谈不来，被彻底孤立起来。与司马光之间的分歧由原来的政见不同，开始走向政治权力的斗争。

苏轼集放旷与敏锐于一身，对身边政治氛围的变化一清二楚，在《送吕行甫司门倅河阳》诗中感叹：

念我山中人，久与麋鹿并。
误出挂世网，举动俗所惊。
归田虽未果，已觉去就轻。

为相八个月的司马光去世之后，由于宰相职位的空缺，那些对苏轼不满的旧党人物生怕苏轼登上这个位置，纷纷把矛头指向苏轼。暗潮涌动，苏轼跟旧党人物之间的关系更加恶化，新一轮矛盾纷至沓来，苏轼莫名其妙地卷入了历史上著名的"洛蜀党争”。

苏轼在这些争论中感觉身心俱疲，也渐渐察觉，自己孤军奋战，无力回天。达则兼济天下，穷则独善其身，朝中无法安身，苏轼连上四道奏章，请求离朝外任，离开这是非之地。

难逃法眼的名画

李公麟是当时著名的大画家，他的《贤己图》画得非常精妙。可名人名画也逃不过大方之家苏轼的法眼。

与苏轼同时代有个著名的大画家叫李公麟，字伯时，号龙眠居士。苏轼比李公麟大十多岁，但两人性格相投，苏轼仕途比较得意的时候两人交情很好。苏轼为李公麟的画题诗赞文有十几篇。李公麟那幅以战国时齐国公子孟尝君为中心人物的历史人物画《拥马醉归图》，被评价为诗书画三绝，堪称文物中珍品。这幅画上的题诗就是出自苏轼手笔，即《齐国孟尝君》七律："阴云忽散晓霜天，画戟门开见坠仙；锦络绣衣兵十万，玉簪珠履客三千。闲骑白马敲金镫，漫向青楼理管弦；几度醉归明月夜，笙歌引入华堂前。"

李公麟《扶杖醉坐图》的画作，画的就是苏轼。画面上的苏轼头戴一顶毡帽，手里拄着一个手杖，坐在一块石头上，看上去有点醉意蒙眬的样子。据清代的著名学者翁方纲考证，说这个画像距离苏轼本人的形象最为接近。这样说来，李公麟使我们能够穿越千年尘封的历史目睹苏轼的真人风采，功不可没。王闰之去世，给她诵经超度往来生乐土时，苏轼请李公麟专门画了十张罗汉像，将此十张足以传世的佛像献给妻子的亡魂。

李公麟画马画得出色，也擅长画山水佛像，画功尤以白描著称。他还有一幅表现赌徒的人物画《贤己图》，也是画得非常精妙。几经转手，最后为苏门四学士之一的黄庭坚收藏。

这天，另一个苏门学士秦少游到黄庭坚家做客，两人闲聊，自然而然地聊到都感兴趣的书画。黄庭坚想起了李公麟的《贤己图》，喜滋滋地拿出来给秦少游看：画面上是一群赌徒围着一个小盆掷骰子的情景，构图奇巧。六七人围在一起，正中间是一个小盆，盆里已经有五个骰子显出六点，只有一个骰子还在转动，还没显示点数。几个人姿势各异，但神情都高度紧张，盯着没有显点的骰子。其中一个神情紧张得尤其夸张，大张着嘴，俯身急待旋转的骰子现点，似乎全局胜败就在此一子了。整幅画充满着张力，人物表现惟妙惟肖。

秦少游边看边对这幅画纯熟的表现技巧啧啧称赞："不愧为咱大宋王朝的大画家，名副其实！"黄庭坚更为能拥有这幅杰作自豪不已："那是，名不虚传！"秦少游继续仔细欣赏着："每个人的神态各有特点，笔法细腻，细节突出，但所有人的注意力都高度集中在一个骰子上。"黄庭坚答："是啊，这个骰子牵动着所有人的神经，看他们紧张的样子好像要从画里跳出来了，真生动啊！"

两人话说到这里，几乎不约而同地猜测到："那个张着嘴的人究竟在说什么呢？"

黄庭坚是书画鉴赏大家，秦少游以细腻见称，可都说不出个所以然。正琢磨着，恰好苏轼来串门。见两人对着一幅画百思不得其解的样子，好奇地凑上来看。瞄了两眼，弦外有音地笑着说："这李龙眠，天下名士，什么时候对福建话感兴趣了？"

黄庭坚和秦少游听了苏轼的话都丈二和尚摸不着头脑。

"说这幅画呢，您说这话好像和这画没关系啊。我们在猜测那个人说什么，您却说龙眠和福建话。"黄庭坚以为苏轼没明白他们的意思，解释道。

"是啊，风马牛不相及啊。您见多识广，对绘画又有研究，快来帮着分析分析那人在说什么吧。"秦少游着急地说。

"你们怎么说不相干呢？我说的就是这画，说的就是那人在说什么……"苏轼饶有兴味地看着面面相觑的二人。秦、黄两人更加不解了。

苏轼看他俩困惑的样子，不再卖关子了，解释道："你们看这幅画中五个骰子都是六点，剩下的那个骰子如果显示六点，那么赢的肯定是俯身的那个最急切、最紧张的人，所以他嘴里肯定在喊'六'字。可是这其中有个问题很关键，据我所知，除了福建人说'六'的时候是张大嘴的，其他地方人喊这个数字的时候嘴巴都是收拢的。龙眠居士是安徽人，怎么会特意画个福建人呢？"

黄、秦二人听完，才明白苏轼的意思。可也半信半疑，知道苏轼知识渊博、学养深厚、性格豁达开朗、风趣幽默、有信手拈来编排一些掌故就能让别人混淆视听、而自己在那偷着乐的本事。后来这事传到了李公麟耳中，大画家大笑，他没想到以逸怀浩气、放浪不羁示人的苏轼竟然有这样深入细致的一面，在平常生活中连这样的枝节现象都不肯放过，这可谓大含细入，连呼佩服、佩服！

大师的作品也逃不过苏轼的慧眼。多才多艺的苏轼，不但诗词、文章、书法是大家，在绘画方面也造诣颇深，并不是心血来潮，随心所欲画几根竹子、几棵枯木、几块石头，而是有自己独到的见解。苏轼主张绘画要形神兼备、意在传神，而这要建立在观察生活、积累生活的基础上。艺术来源于生活，艺术的美要符合生活的真实，苏轼践行着这样的艺术规律。

再任杭州治西湖

“苏堤春晓”和“三潭印月”是苏轼再来杭州的杰作，达到了实用性和艺术性的完美合一，也为后世提供了两个有吸引力的旅游景点。

元祐四年(1089)，朝廷终于批准苏轼任浙西地区的行政长官兼杭州太守。苏轼在杭州留下过“欲把西湖比西子，淡妆浓抹总相宜”的旖旎诗篇。十八年过去了，重返魂牵梦萦的西湖，不由得怆然暗惊，没料到当年那美丽的西子如今满目疮痍，曾经繁华的杭州一派萧条景象。

西湖遭遇了生态恶化的问题。由于湖水面上大量水生植物繁衍过多，长势过旺，抑制了水下生物的正常活动和生长，导致它们大量腐坏死亡，同时西湖底下的淤泥过多，水道都堵住了，湖水变得腐臭不堪。

苏轼曾说：“杭州如果是人，那西湖好比是杭州的眉毛和眼睛。”没了眉目，人就没个人样儿了，没了西湖，杭州还能像个样子吗？苏轼是诗人，当然对美的事物非常敏感，怎么能容忍当年的佳人被摧残得没了人形呢？看来西湖就等着苏轼这个大美容师来帮她恢复昔日风采了！

同时，苏轼也是很负责任的官员和政治家，眼里除了美，更有民生：西湖是杭州城农田灌溉、民用水的一个重要来源！作为一方百姓的父母官，苏轼怎么能眼睁睁地看着他们没有水喝呢！

为了治理好西湖，苏轼屡次上奏请求拨款支援，为此也引起朝中大臣的强烈不满，但苏轼不管！好在太后信任苏轼，所奏必复，从其所请。

苏轼要疏通西湖的湖底，这事说起来简单，实际工程相当浩大。苏轼在处理繁忙的政务之余，顾不上休息，和数千民工、船夫一起忙碌在西子湖畔、西湖湖底。这时候文学家苏轼俨然将文人雅趣都抛在了脑后。有时在堤上没有等来给太守专用的饭食，干脆取过筑堤民工的大碗，将民工的饭食“陈仓老米”满满盛上一碗，风卷残云地一饱了之。

就这样，没日没夜地历时四个月，西湖清淤工程终于竣工了。

可是，随之而来的一个大问题是：湖底下挖出来的几十万立方淤泥、水草往哪儿堆？苏轼是文人，可这官却不是白给的！经过调查、研究和实地考察，想出一个两全其美的绝招：用这些挖出来的土方、淤泥，在西湖的西侧，建一条沟通南北的长堤。长堤南起南屏山麓，北到栖霞岭下，全长近六里，宽平均约三十六米。这是非常高明的一招，既有效处理了淤泥，又沟通了西湖南北。在这之前，由南岸步行到北岸的人必须顺着蜿蜒的湖岸走十余里之遥。长堤大大缩短了往返的距离，还增加了湖面的立体感、层次感，成为杭州西湖又一道亮丽的风景线。苏轼还带人沿堤栽植杨柳、碧桃等观赏树木以及大批花草，建了九座亭台、六座单孔石拱桥，桥名自南而北依次为极富诗意的映波、锁澜、望山、压堤、东浦、跨虹。

苏轼是个做事周详的人。西湖的清淤除草及长堤竣工后，还考虑到长期保养问题：沿岸的湖边浅水极易生长水草，而这些水草经逐年向湖心蔓延后，还是要存积淤泥，抬高湖底。为杜绝或控制这些水草生长，苏东坡出台了一个别出心裁的措施：招募以种菱角为业的湖民，把沿岸部分开辟出来让他们在岸边种菱角，为了菱角的生长，湖民当然要自觉地清除浅水的杂草。至于种菱角的湖民所缴纳的税金，苏东坡向中书省上书，请求确保此项税收应用在湖堤和湖的保养上。如此巧妙的政策实施大见成效：明显抑制了西湖杂草的生长，维持了湖民长期生计，为西湖的保养维护争取到了可靠的专项资金，可以说是一举三得。

后来为了纪念苏轼的功劳，就把这个长堤叫“苏公堤”，简称“苏堤”。冬尽初春之时，暖风徐徐，漫步于西湖，一堤卧伏，六桥勾画，九亭点缀，湖光粼粼，杨柳依依，艳桃灼灼，怎不让人流连忘返！从此美丽的西湖又多了一胜景：“苏堤春晓”。它与西湖北面白居易修的“白堤”，成为西湖中间最为著名的人文景观。南宋时，“苏堤春晓”便被列为西湖十景之首，元代又称之为“六桥烟柳”而列入钱塘十景。

以防湖泥淤积，苏轼还在湖水最深处建成了三座瓶形石塔，名为三潭。从苏堤到这里的水域不得种植菱芡，三塔高约两米，分布呈每边六十二米的等边三角形。宋后，每逢中秋佳节，人们经常去那里赏月，高塔镜湖，长空皓月，在中空的塔内点上蜡烛，洞口蒙上薄纸，烛光外透，塔影、云影、月影融为一体，烛光、月光、湖光辉映成趣，呈现出“天上月一轮，湖中影成三”的绮丽景色。“三潭印月”因此而得名，后来闻名于世。

苏轼的心血没有白花，诗情画意的杭州西湖终于恢复了昔日的妖娆妩媚。更让苏轼骄傲的是出自自己手笔的“苏堤春晓”和“三潭印月”竟然占据了西湖十景之两景，可惜苏轼是不知道这个结果，否则定会喜不自胜，开怀大笑的。

那九个亭子却没能全部相伴着苏堤。苏轼离任杭州后，其中一个亭子被杭州百姓改做了苏轼的生祠，在亭中供上了他的画像来纪念和膜拜。后来被新政人士吕惠卿命人将这个纪念亭拆毁了。其余八个亭子寿命延长了九百余年。

苏轼对杭州的治理，西湖只是其中一项，抗旱救灾、防疫、稳定米价、恢复供水系统、疏浚运河盐道、建立公立医院等，还有许多大大小小的事情，不胜枚举。

苏轼再任杭州，很少有初任杭州通判时的闲适，基本就是在奔波忙碌中度过的。这次秦少游同苏轼一起上任，两人作为学生和老师的关系经常在一起。两年倏忽而逝，圣旨一下，苏轼再度离开杭州。临行前，秦少游忍不住问：“来杭州两年，都没看见您打开过书本，这在您可是少有的事情吧？”苏轼掐指算了算，大惊，道：“不算不知道，是啊，两年，我都忙昏头了，看书的次数真是寥寥，诗文写得很少。我这个老师还要你这个学生来点拨应该好学不倦，惭愧啊……”秦少游知道苏轼最后一句是玩笑话，感叹道：“诗文虽少，可都是大手笔！”苏轼哈哈大笑，心领神会。“苏堤”和“三潭”不正是苏轼的大手笔吗？除了苏轼，谁能把“诗”做得这么实在又完美！

力阻开挖八丈沟

中书省下文开挖八丈沟，苏轼亲自勘察了解，为民请命，表现出一个正直士人对于国家百姓的天地良心，反复上奏，终于使朝廷收回成命。

元祐六年（1091）八月，苏轼以龙图阁学士的身份就任颍州太守。单凭颍州由文学巨擘执掌政务的历史，如不远之前的晏殊、恩师欧阳修都曾在此流芳，苏轼就对它满怀期待了。

可是，始料不及的是，颍州的形势根本不允许苏轼立刻去游览让老师欧阳修都流连不返的颍州西湖。

苏轼刚到颍州，紧接着中书省的公文就到了，让颍州府立即组织十八万民夫开挖八丈沟。

苏轼不了解工程的由来，但听说要动用十八万人来完成就感觉非同小可了，是劳师动众的大事。虽然是朝廷的命令，但作为一州之首，必须对所管辖的老百姓负责，焉有不知之理？苏轼立刻招来属下赵令畤询问工程的前因后果。

赵令畤禀告："陈州一带经常遭到水患的危机，朝中有人就提出开挖八丈沟，就是从陈州向东开挖一条八丈大沟，并疏浚拓宽，从颍州境内再新挖沟衔接，直通淮河，最后可以把水引入东海。朝廷采纳了这个建议，并未征询颍州府的意见。”

听完赵令畤的述说，苏轼沉思了一会儿，说：“听着好像挺有道理，但是水火无情，这样的工程往往不是凭想象就可以随便实施的，弄不好，劳民伤财，后患无穷……”

赵令畤同意苏东坡的说法，但提醒说：“这是朝廷下的命令，我们是不是照办无妨？”

苏轼捋了捋胡须，道：“朝堂的人身在朝堂，不在江湖，难免臆断。事关万千颍州百姓，不是小事，必须慎重！”

“大人所言极是，愿听大人调遣。”赵令畤表示赞同。

“赶紧组织几个有水利经验的人考察一番，再沿途听听颍州父老乡亲的意见，你看如何？我也一起去。”

“我马上照办！”

赵令畤办事利落，很快安排妥当。

第二天一早，苏轼带着找来的那几个人和几个当地官员，一起来到颍河岸边，先考察了周围的地形地貌，接下来撑船驶进河中，众人布竿、测量、记录、讨论，紧张而忙碌。行驶中遇到船只，苏轼就命人停下来打招呼，询问颍河的有关情况，顺便征求他们对开挖八丈沟的看法。

通过几天实地考察、精细测算及广泛征询，一行人结论是：淮河汛期水位，远高出预计在颍州开挖的地段，如果大汛，淮河水就会倒灌颍河，颍州城就会面临灭顶之灾！

苏轼大惊，继而义愤填膺：“事关重大，刻不容缓，我要立刻上报朝廷，决不允许如此劳民伤财、贻害无穷的工程危及百姓！”

苏轼先后向朝廷上了《申省论八丈沟利害状二首》、《奏论八丈沟不可开状》，在奏折中指出：

起夫十八万人，用钱米三十七万贯石；开沟之后，又别夺万寿等三县农民产业，不知凡几千顷，又别破人钱米以兴坡塘，显是附会罗朝散议论，有害无利，必难施行。

若淮水不涨，则一颍河泄之足矣。若淮不免涨，则虽复开百沟，亦须下入于淮，淮水一涨，百沟皆壅，无益于事，而况一八丈沟乎？

甚至，苏轼笔酣墨饱，动之以情地为颍州的百姓大声疾呼：

纵使朝廷恤陈而不恤颍，欲使颍人代陈受患，则彼此都是王民，臣亦不敢深诉。但恐颍州已被淮水逆流之患，而陈州但受州界下流之灾。若上下水并在颍州，则颍之受患，必倍于陈，田庐城郭，官私皆被其害，恐非朝廷之本意也。

第一封奏折一开始到了中书省，那里的臣僚一看苏轼的奏折就很反感，再一看内容，更是嗤之以鼻："中书省都下了文的事情他多什么事啊，视朝廷的命令为儿戏吗？这不是明显给朝廷抹黑吗？他是不是闲极无聊！"

于是被中书省雪藏。苏轼送去了很久没有消息，也不纳闷，预料到肯定是这种情况。心想：你雪藏，我就继续写，写多了，我看你们还敢压下来不！

中书省见苏轼接连来了一封，又来一封，不敢再造次。奏折终于送达对苏轼深为信任和爱护有加的高太后手中。看罢苏轼掷地有声、振聋发聩的论说，高太后不能不动容，果断下诏，停止了八丈沟工程。

解决完八丈沟的事情，苏轼长长地舒口了气，终于有时间去拜会梦寐以求的颍州西湖了。

可怜"先辈"读书人

一个上了年纪的书生为节省考试的费用，冒充苏家信使，被苏轼逮了个正着。苏轼将计就计，成全了这个读书人。

苏轼任杭州太守不久，接到报案，说是有人冒充你家信使偷税漏税！苏轼一听，两眼瞪圆了："我们苏家向来堂堂正正，竟然被人拿来做挡箭牌搞歪门邪道，是谁这么胆大包天？快给我押上来！"

接着杭州的税务稽查队员押上来一个小老头，瘦骨伶仃，花白胡子，衣着寒酸，背着一个大大的包裹。

苏轼看了看，心想这么大年纪了怎么还行骗啊，气不打一处来，大喝："下面的人，抬起头来！"

老头哪见过这场面啊，吓得两腿打战，稍稍抬起头，看到的是一身官服、满脸怒气的苏轼，知道自己这次恐怕凶多吉少，抖得更加厉害了。

"你认识我吗？"苏轼压着怒火问。

"不认识！"老头低下头，低声说。

"很好，很好，我也不认识你。"苏轼说。部下们都不禁偷笑，想这老头还没明白自己多倒霉，撞到枪口上了，太守就等着你钻套儿呢。

“你说你是苏家信使，苏轼托你把东西带给他弟弟苏辙？”苏轼继续问。

“小人有罪，小人有罪！”老头连忙跪地谢罪。老头被抓就知道自己的事情露馅了，但还不知道上面的大人就是苏轼。

“你办事效率可不高啊，我托你送的东西怎么转回来了？哦，对了，我还不知道托你寄的什么东西呢，拿给我看看，你说我是不是老糊涂了？”苏轼一边故意兜着圈子，语气不善地说，一边命人把老头背上的大包裹取过来。

“啊！！！”老头终于明白上面端坐的人就是苏轼了，心里暗自叫苦，可也没什么好辩解的：“我罪该万死！罪该万死！是老糊涂了，有眼不识泰山，冒犯您了……”

苏轼看包裹条子上写着“翰林学士知制诰苏某封寄京师苏侍郎收”，这是苏家弟兄一年前的职务，收货人连具体地址也没有。苏轼现在是杭州的最高军政长官，这老书生跑到杭州地界儿蒙混还有不暴露之理？打开包裹，里面是三百端纱绸。

“大胆的书生，报上姓名，哪里人？为什么打着本官的旗号招摇过市？”苏轼正襟危坐，惊堂木一拍，大声叱问。

“小人姓吴名味道，福建人，是乡试贡生。打算去京城参加考试，可是家里穷，没有参加考试的费用。同乡的人可怜我，凑钱给我买了三百端纱绸，出主意让我带到京城卖个好点的价钱，就有钱参加考试了。这办法是好，可是我知道真是一路打着要卖它的旗号去的话，沿途的关卡抽税就给抽光了，我就自作聪明地想到您和您弟弟名满天下，假托说您托我把这纱绸带给您弟弟，不是做买卖，人家看见就不会抽我的税。果然从福建一路走过来，没人让我交税，可不知道您就在杭州，自投罗网。我咎由自取，死有余辜，您就尽管发落吧。”吴味道自知理亏，一五一十地交代了事情经过。

苏轼初听还是挺恼火，心想：这吴味道怎么这么没眼力见儿，消息总是那么不灵通，连名字起的都犯我们苏家的忌讳。

原来苏家先祖名味道，在唐代武则天时期就是一个名人，因被派在四川眉山为官并定居，所以才在眉山留下了苏门一支，后来才有三苏问世。

听到后来，苏轼怒气也渐渐平息了，心里倒生出许多同情，再看看包裹上的字，写得还真不错。琢磨这老书生也真不容易，生活这么清苦，还执著地读书。长叹一声，叫吴味道起身。思忖片刻，微微一笑，吩咐属下：“把包裹上的条子撕掉，拿个新的来，笔墨侍候！”

属下都丈二和尚摸不着头脑，但不敢怠慢，赶快拿来苏轼要的东西。

苏轼刷刷在新条子题写“龙图阁学士领浙西路兵马知杭州府苏某，封寄京师竹竿巷苏学士”，写完叫人贴到包裹上，交给傻了眼的吴味道。姓名地址详细准确，这下假的就变成真的了。吴味道本来惊魂甫定，明白过来那个喜出望外啊，感叹这个苏学士果然不是人间凡品，气度雍容，举重若轻。

打发吴味道时苏轼还不忘开了一句玩笑:"'先辈'放心,这次即便上天也没事了!"那吴味道听得发愣,怎么就前辈了?事后才明白是苏轼的戏言调侃:味道乃咱苏门祖先,可不是"先辈"吗?

苏轼这次铁笔留情,虽然有悖宋朝法令,但当时诸多法令对人民过分苛酷,苏轼认为有很多不合理,也就不那么当回事。

苏东坡慧眼识才,那吴味道也很争气,进京以后果然考中进士。苏轼自己对这次别出心裁地断案也非常得意,及第之后吴味道专程来向苏轼致谢,苏轼热情招待吴味道在家盘桓了好几天。

伤心一念偿前债

朝云跟随着苏轼辗转各地，流放岭南也不离不弃，为一曲伤春词潸然泪下，感慨生命无常，最后也同苏轼一样淡然看待生死。

苏轼的第二任妻子王闰之临终前把王朝云叫到跟前，再三嘱托她，无论苏轼遇到什么样的困难都不要离开他，朝云含泪答应。

在以后的岁月里，朝云果然没有辜负王夫人的期望，一直跟随苏轼，相濡以沫，患难与共。

苏轼本来家有数妾，但随着后期生活颠沛流离，相继辞去，只有朝云相随，来到蛮荒的惠州贬所。

苏轼曾在诗里将自己与白居易晚年的处境相联系，将白居易的侍妾来比较朝云，说她“不似杨枝别乐天”。白居易的侍妾樊素能歌善舞，尤其以唱《杨枝》著名，一般人叫她杨枝。白居易晚年辞去家中歌伎，樊素不愿离去，但后来还是离开了。而朝云却从未离开过苏轼。苏轼晚年辗转南方、漂泊不定，环境又相当艰苦，曾劝朝云离去，朝云不但没有答应，还为此生过苏轼的气，一直跟随苏轼到气候恶劣、经济落后的岭南。所以就这一点苏轼觉得自己比白居易幸福。

林语堂说:苏轼在惠州的故事总是离不开朝云。如斯。

流放惠州时,苏东坡已经五十七岁,朝云三十一岁。她陪着苏轼参禅悟道、谈诗论文,以练功绝欲抵御瘴气的侵袭。

深秋的一天,严霜骤降,凄风萧瑟,落叶簌簌,好不苍凉。苏轼闲坐,不免有宋玉悲秋之感。朝云在身旁陪伴,心里也不自在。苏轼让朝云烫一壶好酒,叫朝云:"过来喝一点酒吧,暖暖身体,也解解愁闷。"朝云说:"好。"

"我的'花褪残红青杏小'一词你可记得?"苏轼问。

"怎可能忘!"朝云嗔怪道。

"这秋天太冷清了,唱唱春曲来听听吧。"苏轼对朝云说。

"花褪残红青杏小"指的是苏轼《蝶恋花》词:

> 花褪残红青杏小。燕子飞时,绿水人家绕。枝上柳绵吹又少,天涯何处无芳草!
>
> 墙里秋千墙外道。墙外行人,墙里佳人笑。笑渐不闻声渐消,多情却被无情恼。

这首词意思是,凋残的红花零落了,树枝上长出红杏来。燕子飞来的时候,碧绿的清水从人家绕过,飞舞的柳絮被风吹得越来越少,天涯哪个地方没有青青芳草呢?墙里的院子里有人在荡秋千,墙外是人行道,墙外的行人,听到墙内荡秋千的美人那清脆的笑声。佳人渐行渐远,笑声一点点消逝,渐渐安静下来。要走的终归要走,墙外的行人何必自作多情,不过是几声笑罢了,何必为此烦恼伤神呢?

这是一首伤春的词。上片写暮春景色:残红零落,青杏初生,燕子飞舞,绿水蜿蜒,柳絮飘飘,芳草萋萋。信手拈来的几笔,便勾勒出一幅清丽哀婉的残春图景。“枝上柳绵吹又少,天涯何处无芳草”,更是缠绵悱恻。柳絮和芳草,虽然一少一多,但预示着短暂而美好的春之将去的结果是一样的。景是伤春人眼中之景,虽无一字言情,而其哀婉处自现。下片转而写人、写情。墙外行人为高墙之内的清脆笑声所吸引,可惜只闻其声,不见其人,但这也足以使墙外行人对墙内佳人生出许多美好的幻想和爱慕了。可墙内佳人却毫不知晓地翩然离去,只留下多情人独自伤心了。“多情却被无情恼”道出多少人都曾有的微妙体验,极有理趣。

朝云不好扫苏轼的兴,勉强唱来,可歌喉将啭,泪满衣襟。

这首伤春词隐喻了生命的无常,正是这种无常感触动了朝云的心思。想到苏轼:始终怀着一颗赤子之心,耿介刚正,可几十年宦海沉浮,饱经颠沛流离,不论是新党执政还是旧党当朝都不见容,屡遭贬谪,最后年近花甲被流放岭南。朝云跟随苏轼,见证了苏轼的品行及遭遇。所以她能够透过洒脱的表象读出苏轼内心的悲哀和凄凉。一次次直言不讳,一次次被陷害、被贬谪,长亭更短亭,还不知道下一站又被贬到哪里。恐怕也只有朝云读懂了苏轼的心,政治风云变幻,苏轼不过是那一个墙外失意的过客。联系自己现在欠佳的身体状况,朝云感到自己、苏轼甚至任何人都将是时光中的一个飘忽的掠影,所以她哭了,唱不下去了。

此情此景，苏轼是感动的，人生得一知己足矣，又复何求！

苏轼故作轻松地宽慰朝云说："朝云啊，是我悲秋，而又惹你伤春，真是我的过错了。别伤感了，我能在这蛮荒之地听你唱《蝶恋花》已经很幸福了，其他的苦痛又算得了什么呢？"

听了苏轼的劝慰，朝云擦拭泪水，抱歉道："是我太多愁善感了。"

虽然让人伤感，但朝云却是深入肺腑地喜欢这首词，每天都吟诵"枝上柳绵"两句，一边吟诵还一边流泪。

王朝云，侍奉苏轼二十三年。苏轼第一次谪居返京途中，她的儿子在襁褓中去世，使旅途平添了不少辛酸。后来她一直跟着苏轼流放惠州，到惠州后一年多，朝云突然得了一种瘟疫，病情严重，无法医治。

病重期间，朝云仍然挣扎着病体，强打精神，口中还是念念"枝上柳绵"两句，苏轼心痛不已。

绍圣三年(1096)七月五日，朝云不幸离世，年仅三十四岁。朝云信奉佛教，在去世之前握着东坡的手，念着《金刚经·六如偈》："有为法，如梦、幻、泡、影，如露，亦如电，应作如是观。"意思说：世上一切都为命定，人生就像梦、幻、泡、影，又像露水，像闪电，转眼之间就永远消逝了，因此没必要过于在意。这番话体现了朝云对生死的达观态度，她知道苏轼精研佛学，深谙其义，同时也是在宽慰苏轼不要拘执她的死，节哀顺变。

以后，苏轼再也不听这首《蝶恋花》词了。

朝云去世，苏轼给朝云的祭文是这样写的：

东坡先生侍妾曰朝云，字子霞，姓王氏，钱塘人。敏而好义，事先生二十有三年，忠敬若一。绍圣三年七月壬辰，卒于惠州，年三十四。八月庚申，葬之丰湖之上栖禅山寺之东南。生子遁，未期而夭。盖常从比丘尼义冲学佛法，亦粗识大意。且死，诵《金刚经》四句偈以绝。铭曰：

浮屠是瞻，伽蓝是依。如汝宿心，惟佛之归。

没有一句表现出来男女之间那种柔情缱绻的话，更像对一个志同道合者的悼念，这充分说明了朝云在苏轼心中的独特位置。

朝云是苏轼的知音。就连侍奉苏轼二十五年、陪苏轼时间最长的患难妻子二十七娘王闰之也不如朝云了解、理解苏轼。苏轼再次被贬到湖州时，曾经因为写诗被弹劾，遭遇逮捕，王闰之非常害怕家庭因此安定不在，不理解丈夫为什么总要写。她生气地把丈夫大部分书稿一把火烧了，边烧边骂："你就是爱写书，写成了又怎么样呢，得到什么了？除了让我担惊受怕，让家人受连累，有什么好处？"她认为全家的灾祸都是因为这些书稿。书稿对苏轼意味着什么？那是苏轼心性、人格、理想甚至是生命的写照！苏轼没有埋怨王闰之，无法苛责她，毕竟对一个饱经忧患的女人来说，对家庭安定的渴望甚于其他，更是因为对这个一生大部分时间都在陪自己漂泊、时刻无微不至照顾自己的妻子，苏轼始终心怀感激和歉疚，虽然对这部分被毁的书稿心疼得无法形容。而仅从焚毁书稿这件事来看，在精神层面，王闰之是不及王朝云理解苏轼的。如果朝云是王闰之的话，或许苏轼的那些书稿就不能烧毁了。

苏轼还写了感人至深的《悼朝云》：

> 苗而不秀岂其天，不使童乌与我玄。
> 驻景恨无千岁药，赠行惟有小乘禅。
> 伤心一念偿前债，弹指三生断后缘。
> 归卧竹根无远近，夜灯勤礼塔中仙。

其后不久，又写《西江月》一词悼念她：

> 玉骨那愁瘴雾，冰肌自有仙风。海仙时遣探芳丛，倒挂绿毛么凤。
>
> 素面常嫌粉涴，洗妆不褪唇红。高情已逐晓云空，不与梨花同梦。

表面看这是一首咏梅词。上片歌颂岭南梅花不畏瘴气的高风亮节，玉骨冰肌自有神仙之风范。海外的珍禽么凤也来倒挂梅花枝上，更增加了她的神韵。最后两句暗点，这梅花的精魂便与朝云同在，朝云与梅花已化为一体。“晓云”，拂晓之云，恰似曾经朝夕相伴的朝云。苏轼这里说自己的情怀已经追逐朝云而去，如今已没有任何波动，再也无法作“梨花云”那样风情旖旎的美梦了。委婉抒发了对朝云的深切悼念。

苏轼死后，惠州白鹤峰的居所被人辟为“朝云堂”。

朝云与苏轼相遇、相随、相知，经历过很多艰难困苦，但作为苏轼的红颜知己，她无疑又是幸运的。因为苏轼，岁月流逝，王朝云一个区区女子的名字却每每被后人提起，传为美谈。

不辞长作岭南人

苏轼晚年被贬到被称为瘴疠之乡的岭南惠州，不但随遇而安，还颇能苦中作乐。乐观通达的人生态度，是同样屡遭磨难的弟弟苏辙很难想象的。

在杭州的最后一年，苏轼送别老友钱穆父填词《临江仙》：

一别都门三改火，天涯踏尽红尘。依然一笑作春温。无波真古井，有节是秋筠。

惆怅孤帆连夜发，送行淡月微云。尊前不用翠眉颦。人生如逆旅，我亦是行人。

“天涯踏尽红尘。依然一笑作春温。无波真古井，有节是秋筠。”远涉天涯，一直奔走辗转在这人世间。相逢一笑时，依然像春天般温暖。心如古井水不起波澜，高风亮节像秋天的竹子。苏轼词里这样写老友，这何尝又不是苏轼自己？“人生如逆旅，我亦是行人”说其实人生在世就好像住旅舍一般，我也包括在旅行者里边。

那么一直走在路上的“行人”还要走到哪里是尽头呢？

绍圣元年（1094），苏轼被弹劾流放当时被称为瘴疠之乡的岭南惠州。

越过一道道急流险滩，跨过一座座高山峻岭，穿过一场场凄风冷雨，历尽千难万险，经过半年多的长途跋涉，年末，苏轼、苏过、朝云一行人才终于抵达惠州。大家本来都有绝地逢生后的欣慰，但是一看惠州这个地方转而惆怅，蛮荒之地可真是名不虚传，惠州像是一片大废墟，到处都是荒凉颓败的景象。阴雨连绵，空气中都弥漫着发霉的味道。

可苏轼却与众人不同，远离朝廷纷争，就像是挣脱了羁绊的马匹，很自由、很放松。而且，在别人眼里乏善可陈的惠州，在乐天知命的苏轼眼里却总能发现宝贝。

到惠州不久，苏轼就被幽深曲折、清澈秀美的惠州西湖（本名丰湖）所倾倒，不仅常在白天游览，连夜里也不休息，甚至通宵达旦，还在这惠州西湖信意填了《西江月·咏梅》词一首：

马趁香微路远，沙笼月淡烟斜。渡波清澈映妍华，倒绿枝寒风挂。

挂风寒枝绿倒，华妍映澈清波。渡斜烟淡月笼沙，远路微香趁马。

虽然此西湖非彼西湖，境况也迥然不同，但谁从这词中也读不出颓丧低迷。而且这明显是一首“回文体”词，词的下阕恰好是上阕一字不差倒过来填上的。多么精妙的词作！如果没有安闲和悦的心境怎么能将文字和意趣拿捏得这样精巧娴熟？

来惠州第二年，苏轼第一次吃到这里的荔枝，写下《惠州一绝》：

罗浮山下四时春，卢桔杨梅次第新。

日啖荔枝三百颗，不辞长作岭南人。

苏轼在白鹤观买地置屋，作常住打算了。同年，在苏轼的倡议下，当地在西湖和西（支）江上建造了一堤两桥，一堤即后人为纪念苏轼而命名的“苏公堤”，两桥即堤上的“西新桥”和西（支）江上的“东新桥”，为此苏轼捐出皇帝赏赐的犀带，又动员弟妇史氏捐出宫中赏赐的数千黄金钱。也还是在这一年，新居还在建设中，苏轼失去了生命中最后一个重要的女人兼知己——朝云，从此天人永隔，形影相吊。

第三年，苏轼在惠州的白鹤居落成。新居有二十余间，其中包括“思无邪斋”和“德有邻堂”。苏轼还打了一口深达四丈的水井，供自己和邻人吃水之用。花果飘香，水井清凉，看上去是很好的家居所在。这时，苏轼的长子苏迈要到广东的韶州任职，就带着幼弟苏过的眷属一起来到惠州。这样，除了留在江苏的二儿子苏迨，一家人总算团聚了。虽然人口骤然增多，经济上很困难，但没有什么比一家人在一起更欣慰的了。尤其是朝云刚刚去世，有了儿孙们的陪伴，苏轼孤寂的心灵得到了很大慰藉，又想朝廷对自己“不薄”，贬到惠州也应该是极限了，于是准备在惠州安享天年。

其实惠州生活艰苦还是事实，只不过苏轼善于把困窘的生活过得有滋有味。在给弟弟苏辙的信里边，苏轼非常详细地介绍了在惠州的情况：自然条件恶劣，经济也相对落后，我爱吃肉，但在那里可真不容易。市场上每天只杀一只羊，每天只杀一只羊哥哥我也买不起。我就跟这个屠夫商量，说你把羊肉都卖完了之后剩下的骨头给我留下来，我就买这个。买回去我就放到锅里头煮啊煮，煮熟了之后拿出来接着放米酒里浸泡。浸泡完再撒点盐，放在小火上烤，然后一点一点地一边剔缝里的肉吃。老弟啊，在吃这种羊肉的时候，我高兴极了，感觉像在吃螃蟹一样。

吃点肉都这么困难，苏轼不但不以为意，还很享受这个过程，看来生活的态度还在很大程度上决定着生活的质量。

兄弟如手足，苏辙还不了解自己的老哥哥：只有哥哥才会对如此艰苦的生活津津乐道，谈笑风生，也只有这个哥哥才能做到没乐都能给自己找乐，苦中也能作乐。苏辙十分惦记哥哥，可他的情况也好不到哪里去，接连被贬。

终于，苏轼的惠州"好"日子没好几年，由于写了《纵笔》一诗，其中"为报先生春睡美，道人轻打五更钟"一句，描写了自己在春风沐浴中酣美的睡眠。当朝宰辅章敦看了生气道："原来苏东坡过得这么舒服！"于是颁发了新的贬谪令。苏轼又被贬了！贬所是宋朝的最南端、生存环境更加糟糕的海南儋州，苏辙也将被贬到雷州。二人好久没见面了，这样一贬天涯海角，不知道何时能够相见。苏辙尤其惦念哥哥，毕竟哥哥已经年过花甲，身体每况愈下。于是赶赴贬所之前，兄弟相约在藤州见面。

苏辙望着形销骨立的哥哥，不由得心里发酸，眼圈就红了。苏轼上前拍拍弟弟的肩膀，笑着说："难过什么啊，我就是瘦，可一点毛病没有。见着你就高兴，路上忍着饿呢，见到你就可以去吃东西了。”

说着苏轼就拉着苏辙到路边的饭馆找吃的。藤州同惠州一样也是一个蛮荒之地，没有什么好吃的。小二端上来一些十分粗糙的饼子，还有一道味道怪怪的汤。面对如此粗劣的饭食，苏辙直皱眉头，勉强吃了两口，实在咽不下去，就叹口气，放下了筷子。

可苏轼那边风卷残云，一会儿就把这顿饭吃完了。苏辙看得目瞪口呆。苏轼抹抹嘴，意味深长地对弟弟说："难道你还要慢慢咀嚼，细细品尝，然后咽下去吗？"说完放声大笑。苏辙苦笑说："我是无法达到哥哥你的境界了！"

"珍馐美味我能享，粗茶淡饭也能咽，我比你好养活。可是年纪大了，有时候也真是心有余力不足的。"苏轼又是嘿嘿一笑，娓娓道来："我不是借住惠州嘉佑寺嘛。一天，在松风亭附近散步，感觉身体疲乏，想到松风亭休息。年龄不饶人，却看见亭子的屋檐在林木深处，发起愁来，已经这么累了，还有那么远，要怎样才能到得了……"

"哦，那后来你到底是就地停下来了，还是勉强继续走过去了呢？"苏辙好奇地问。

"后来啊，转念一想，突然有了体会，这里为什么就不能休息呢？一下子就好比上钩的鱼儿，忽然得到解脱。为什么一定要跟自己过不去，搞得自己那么狼狈呢？人活着为什么要强迫自己不管不顾、一个劲儿往上爬呢？没有力气我就不过去呗！于是在原地歇好了，我起身拍拍尘土，从从容容地走开了。"苏轼一脸释然地说。

苏辙听罢，感慨万千，心想：哥哥已经是六十岁的花甲之年了，除了要应对艰苦的环境，还要面对年老体弱的现实，竟然能这么洒脱地生活，真是难得。

吃完闲坐，苏轼把自己写的一首诗拿给弟弟看：

九疑联绵属衡湘，苍梧独在天一方。
孤城吹角烟树里，落月未落江苍茫。
幽人拊枕坐叹息，我行忽至舜所藏。
江边父老能说子，白须红颊如君长。
莫嫌雷琼隔云海，圣恩尚许遥相望。
平生学道真实意，岂与穷达俱存亡。
天其以我为箕子，要使此意留要荒。
他年谁作舆地志，海南万里真吾乡。

诗中满是达观、鼓励之语。而且从诗中看，苏轼人尚未到海南，“他年谁作舆地志，海南万里真吾乡”，却已把那天涯海角作为自己的故乡来看。

藤州以后，两人又流连了一些日子，同至雷州后分手，苏轼渡海去儋州。只是他们不知道，这竟是兄弟俩的永别。

顺境时是智者，逆境中是达人。苏轼善于反观人生，化逆境为常境，化悲观为积极。所以，在艰苦、贫困、老弱的贬谪时期，能够不忧不惧，努力从细微、点滴的小事中找到安宁与快乐，找到解脱的良方。

在惠州的四个年头，苏轼先后写下了一百六十首诗词和几十篇散文，其中很多作品歌咏了惠州风物。苏轼还在惠州大力推广教育，播撒文明的火种。因为苏轼四年的停驻，小小的惠州从此声名鹊起。

力救百姓于病痛

海南的黎人、饮滩水、染恶疾、杀耕牛、缺粮食，环环相关，因果相循，常年困扰。苏轼到来，帮他们解决了饮水、吃饭和医病的问题。“东坡井”和“东坡黑豆”是当地人对其最好的纪念。

黎族人聚居的儋州是个文明未开之地，山川景物，亘古天然，民风淳朴，但也有很多陈规陋俗，缺少教化。苏轼发现了这点，意识到自己在这里虽然生活艰苦，但在许多方面大有可为。

当时来儋州刚下船，苏轼口渴，跟随的家丁给苏轼找水。去了好久才回来，面有难色，道：“大人，让您久等了，可是您恐怕还是要渴着了。”

苏轼不解地问：“为什么？找不到水吗？这里据我了解常年也不缺水，怎么会呢？”

“您有所不知，不是没有水，而是我担心您喝了伤身体。”家丁为难地说。

“你且详细说说。”苏轼催促道。

“我刚才去附近一百姓家找水，应该是黎族人，我说的话他听不懂，他说的话我也听不懂。比划了半天，好不容易明白了意思，他就进屋给我取来了水。可我一看那水，浑浊的样子怎么能喝呢？于是我就换了另一家，也忙活了半天才要来水，结果那水还是一样的。又换一家，也一样。所以，我想当地的水就是这样的。虽然这样，我还是带回来了一些，您看看吧。"家丁叙述了找水的经过。

苏轼听了，取过家丁要来的水，看了看，果然如其所说，于是送到嘴边，家丁和一旁的苏过忙异口同声阻拦："不能喝！"

"没事，我只是尝尝，何必大惊小怪！"苏轼摆手。抿了一口水入口，苏轼不觉皱眉，道："这水又咸又涩，确实难以下咽。如果当地人就饮这样的水，那可真是太糟了！"

仰慕苏轼已久的当地官吏张中，听说苏轼来海南早就安排亲自迎接，因为有事耽搁了一会儿，这时恰好赶到。寒暄了片刻，苏轼的心却像长了草似的，忍不住问张中当地的饮水水源。张中告诉苏轼当地的黎族人饮用的是咸滩积水，他们常年就是这样的习惯。

苏轼的眉头锁得更紧了，着急地说："长期饮用这样的水，不生病才怪！不行，一定要改变他们这样的饮水习惯！"

张中叹气，道："黎族人的习惯不是一朝一夕养成的，所以也不是一朝一夕能改变的啊！"

"不行，一定要改，我们一起帮他们改！"苏轼斩钉截铁地说。

张中为苏轼的决心所感动，也激动地说："好！"

苏轼知道，要改变一个民族长期以来形成的习惯，首先就要和他们建立起足够的信任关系，信任是第一位的，否则都是枉然。

所以接下来，苏轼在儋州一边安家，一边尝试着跨越语言障碍，和淳厚善良的黎族百姓交朋友。别看当地黎族人远离中原文明，但他们早就听说过苏轼的大名，对他十分友好和景仰。而实际接触后，更折服于苏轼的乐观、平易和博学。苏轼和当地黎族百姓很快建立了深深的情谊。

苏轼在和黎族人交往中注重给他们渗透生活知识、卫生常识，教他们挖井改变以前的饮水习惯，并亲自带领乡民挖井取水饮用。黎族人信任这位饱经忧患的大学士，纷纷动手挖井。当饮用上甘甜清冽的井水，黎族人载歌载舞，感谢这位远道而来奉送“神水”的使者。乡民们亲切地把苏轼带领挖的那口井称为“东坡井”。

在解决饮用水问题的同时，苏轼还发现儋州黎族人的患病率很高。因为缺少医学常识，患病不服药，以巫为医，通常的形式就是在庙中祷告，杀牛祭神，以为用此可以祛病。

苏轼起先见儋州地区耕牛遍地，还奇怪本地为何没有粮食吃呢。后来才知道黎人习惯打猎为生，养牛并不是用来耕地，而是用来祭神除病的。苏轼正琢磨怎么叫黎族人放弃这些迷信活动的时候，活动就来了。

这天，因为一个黎人身患重病，卧床不起，众黎人商议：祭神求救。苏轼听说此事，赶紧赶到现场，真真切切地见识了黎人杀牛的场面。

黎族群众成群结队地汇聚到村中，满怀虔诚地围起早就搭好的高高祭坛。祭坛一侧，一些黎人敲锣打鼓；祭坛前方，一个术士巫师在手中挥舞着利剑，口中念念有词；祭坛另一侧，一头耕牛仿佛知道将被宰杀的命运，瑟瑟发抖。

苏轼走近。原来巫医说那黎人生病乃是鬼神作怪，要杀牛祭之。立时，刀光剑影，耕牛血溅。苏轼倒吸了一口凉气。

苏轼知道，所用的这些耕牛有多半都是从陆地远渡重洋运输而来的。而据了解，途中疾病就会损伤不少，而运到这里几乎一半被用来宰杀祭神，其他一半作为耕牛或者他用，能够繁殖下来的数量远远不够使用。何况这杀牛祭神就是劳民伤财，也不祛病，反倒延误病情。

从祭坛回到桄榔庵，苏轼辗转难安，水的问题还好解决，可见、可尝、可品，而这种观念的问题真是棘手！怎么办呢？

忽然，苏轼想到一个人：海南僧人道赟，道行高，声望大，不啻为当地人的先知。可以动员他，利用他的影响力来先开导乡中那些少数明白事理的人，然后带动大多数，这样这种陋俗就会慢慢减弱。

想罢，立刻行动。苏轼叫来儿子苏过研好自制的墨，开始抄写《书柳子厚〈牛赋〉后》。第二天，又叫苏过给道赟送去。

道赟接过书写得遒劲潇洒的《书柳子厚〈牛赋〉后》，心领神会。之后，道赟和苏轼进一步沟通，商量策略，开展工作。

在道赟、苏轼及其学生、当地有为官员的共同努力下，动之以情，晓之以理，功夫不负有心人，终于说通了一部分黎族人。他们开始改变生活方式，不再杀牛，回归农耕。黎人以长期耕种沉水香等经济作物为主，苏轼另外教他们种植稻麦菽粟等粮食作物，以自给自足，打破对运输的依赖，在一定程度上改善了当地百姓的生活。苏轼《劝农诗》就反映了当时的情况。

黎人杀耕牛本为祛病的愿望，既然劝他们保护耕牛，就要帮助黎族患者减少病痛的折磨。苏轼几个人好不容易让黎人勿信巫师鬼神，要信医信药，可当地实在缺医少药。恶疾一旦流行，众多百姓生命危在旦夕。

时不我待，苏轼利用自己积累的医学知识，采药制药，研究实验，然后开方治病，治愈了很多黎族百姓。其中被苏轼用来制成中药淡豆豉的原料——黑豆被乡民们称为“东坡黑豆”。

海南物质生活贫乏，精神文化也是一片荒芜。苏轼作为古今第一通才，在努力劝农，改善海南人民物质生活的同时，相信“沧海何曾断地脉”，在这块未开垦的处女地上大力兴学，播撒文明火种，使儋州地区“书声琅琅，弦歌四起”，学生琼山人姜唐佐，三年后成为海南第一个举人。

九死南荒吾不恨

海南的艰苦超乎想象，苏轼焦灼了。但是，一首饼子诗的广告效应让苏轼体会到自己在海南人心中的位置。苏轼就是苏轼，善于自我开脱，所谓“心安即吾乡”，在海南生活就像奇绝的旅行。

那时海南岛的居民只在北部沿岸有少数汉人居住，其他大部分地区几乎都是黎人，被视作蛮荒化外之地。这个儋州，古称“南荒”，“非人所居”。根本不适于人居住，夏天空气极其潮湿闷热，湿热的气候很容易让人生病，叫瘴病。秋天，阴雨连绵，一切东西无不发霉。冬天则雾气浓重，光照稀薄。元祐大臣中数百个受迫害的，只有苏轼一个人被贬到此处。

刚到的时候，没有地方住，暂时借用公房安身，那房子年久失修，下雨时到处漏水，一晚上要挪换好几个地方。当地官吏张中景仰苏轼，看不过去，派人稍加修葺，谁知被当局得知，把苏轼从公房中赶出去，并追究了张中的责任。苏轼无奈，用仅有的一点钱在桄榔林中动手搭建茅屋，邻居们也前来帮忙。新居落成，自命为“桄榔庵”。这几乎耗尽了苏轼最后的积蓄，朝廷三年来没给苏轼发官俸，苏轼曾经写信给广州太守王吉，求他帮忙请税吏支付，可见当时境况的窘迫。

生活方面情况比惠州还遭，生活必需品都很短缺。食品匮乏，岛上的粮食完全靠陆地运输供给，一旦海上起风浪，就有断粮的危机了。苏轼父子就有靠啃番薯、芋头等杂粮果腹的经历。笔墨纸张更是奇缺，这令以舞文弄墨为乐的苏轼倍感烦躁。当地居民由于大多数是黎族人，交流困难。“食无肉，病无药，居无室，出无友，冬无炭，夏无寒泉”，就是说没有肉吃，没有地方住，没有朋友，得了病也没有医药，冬天没有炭来烧火，夏天也没有凉爽的泉水洗澡。

当初来之前的“海南万里真吾乡”算是提前打的强心剂，并不奏效。面对种种不堪，苏轼焦虑迷茫了。

这天，独自来到海边，望着茫茫无际的海水，心生沦落天涯的悲凄，自言自语：“什么时候能离开这里啊？”

坐下来，心绪渐渐平静，接着想想：天地九州就在一片大汪洋中，中国就像被其中几个海所包围的一个大岛，这样看来人的有生之年谁不是生活在岛上。我来到海南岛，不过是从一个大岛到一个小岛而已。人有立足之地即可，大岛和小岛有什么差别呢？

再想，人在大宇宙中，不就像一只蚂蚁嘛。我现在的处境就好比是一只小蚂蚁伏在小草上，小草漂浮在一小滩水上。蚂蚁以为自己完了，会掉下去，被淹死，可是一会儿水干了，它见到了自己的同伴，化险为夷，哭泣着说：“想不到这辈子还能和你们相见！”其实蚂蚁当初又怎么料得到那滩水不一会儿就干了呢！而我又何必那么悲观，说不定还有北返的一天呢！

“想通了！”苏轼面对大海长长地舒了一口气。

苏轼很开心地从海边回来，招呼海南结识的几个新朋友来桄榔庵痛饮。

一件事让苏轼发现了自己在海南人心目中的位置，并为之深深感动。

这一天，苏轼走在儋州街上，饥肠辘辘，走进了一家饼店，店里只有一个老妇人。老妇人笑着迎上来：“老先生，吃饼啊，要几张？”

苏轼也笑着回答：“老人家，先来两张，吃好再说。”

“好嘞，您稍候。”老妇人说完，立即用灵巧的双手，熟练地揉面、擀饼、烧油、煎烙，动作一气呵成。煎出的饼子，色泽诱人，香酥可口。苏轼一边吃一边大赞。“再来两张！”总是薯芋度日，难得吃到这样堪称上乘的美味，苏轼感觉齿颊留香，不觉和老妇人攀谈起来。

原来老妇人孤寡一人，自己擅长做饼，就开了这家饼店，店里店外也就她一个人忙活。尽管饼子做得好，但因为店小且位置偏僻，光顾的人并不多，生意也就是勉强维持度日而已。苏轼听了老妇人的叙说，不由地说：“我也许可以帮你招揽些客人。”

“那太好了，我这老太婆也没什么别的本事，要怎么感谢您呢？对了，我还不知道您姓氏名谁呢！”老妇人诚恳道谢并问道。

“客套话不用说，能吃到这样好的饼要感谢您才是。我姓苏名轼，字东坡。”苏轼回答。

"原来您是苏先生，都怪我老眼昏花，有眼不识泰山——"老妇人听说面前的人就是大名鼎鼎的苏东坡，激动得不知说什么才好。

苏轼连连说："言重！言重！苏东坡今天才吃到这么好吃的饼，没什么了不起。"

"难得您瞧得起我这老太婆的手艺！"老妇人忙说。

"酒香怕不怕巷子深，我不知道。饼香应该是怕，刚才我说帮您招揽客人——"苏轼没说完，老妇人连忙打断："您那么大的人物，哪好为我这老太婆分神呢，您不要麻烦了。"

"没关系，举手之劳，您只消给我拿来笔墨纸张即可。"

老妇人见苏轼真心诚意帮助她，受宠若惊，她不知道苏轼要写什么，赶紧从邻居家借来笔墨纸张。

苏轼稍一思忖，大笔一挥，倏然，一首《馓子》诗跃然纸上：

纤手搓来五色匀，碧油煎出嫩黄深。

夜来春睡知轻重，压扁佳人缠臂金。

描绘了老妇人制饼手艺的高超娴熟，饼子的可爱诱人，不觉引人垂涎三尺。

老妇人毕恭毕敬地接过苏轼写的诗。她虽然不识字，不知道苏轼写的什么意思，可苏轼的才名诗名妇孺皆知，能得到其亲笔题诗，那是多大的荣幸啊！都不敢相信是真的。老妇人更多的是感动，想自己孤苦无依，苏轼这样一位有名的人物，跟自己素不相识，竟然主动伸手、一心一意地相助，她只是个会做饼的老太婆而已，何德何能啊！

看着老妇人如获至宝的样子，苏轼开玩笑说："其实我也没什么大本事，就是会写几句诗而已，哪有您的饼实惠又可口。"接着继续告诉老妇人："您拿这首诗给人看，一传十，十传百，慢慢地您这店的生意也许就好了。"说完，叫老妇人留步，起身离开。老妇人巴巴地送出了很远，才恍如梦中般地转身回来。

老妇人按照苏轼的交代，拿着这首诗给人看，人们一看苏轼亲笔给这饼店写诗，消息不胫而走，许多人慕名而来，光顾饼店的客人络绎不绝。如苏轼所料，这个原来不起眼儿的蹩脚饼店从此美名远播，生意也火爆起来了。

这件事对苏轼触动很大。随着时间的流逝，苏轼体会到了更多当地人物质和精神的厚待，心也逐渐安定了。回忆过往，不觉想到曾经被贬的好友王巩和随从歌伎柔奴来。于是，自己为柔奴填过的那首《定风波》跃入脑海：

常羡人间琢玉郎，天教分付点酥娘。自作清歌传皓齿，风起，雪飞炎海变清凉。

万里归来年愈少，微笑，笑时犹带岭梅香。试问岭南应不好？却道，此心安处是吾乡。

苏轼记得这首词写在元丰九年(1086)，赞美的是好友王巩的红颜知己柔奴。王巩受苏轼"乌台诗案"牵连，被贬岭南，柔奴一直随行，安之若素。苏轼当时深为柔奴身处逆境而泰然处之的风采感动，成就了这首词。想到柔奴，苏轼惭愧了，好个"此心安处是吾乡"，什么安都不如安心，只要心安，就不会有那么多好坏、得失的痛苦了。

本来宠辱不惊的苏轼这下不再想其他了，随遇而安，在庵中“食芋饮水，著书以为乐”，颇为自得，还写信告诉朋友“困厄之中，何所不有?！置之不足道，聊为一笑而已”。甚至很能入乡随俗：“初闻蜜唧尝呕吐，稍近虾蟆缘风俗。”小耗子和蜜而食叫蜜唧，苏轼刚来时，闻之就吐，以后渐渐习惯，连同蛤蟆等都可以食用了。

时间如白驹过隙，忽然而已。三年后大赦，苏轼动身返航，远望苍茫的夜景，心潮起伏，依依不舍，放声吟唱：

参横斗转欲三更，苦雨终风也解晴。
云散月明谁点缀，天容海色本澄清。
空余鲁叟乘桴意，粗识轩辕奏乐声。
九死南荒吾不恨，兹游奇绝冠平生。

这就是《六月二十日夜渡海》一诗。“云散月明谁点缀，天容海色本澄清”意谓苦难过去就像一场风雨过去一般，云散之后，那月华还是皎洁的，天的容、海的色，原本就是那么澄清的。也就是说苦难算什么，我苏轼早就已经习惯了，我本来就是这么清清白白，夸我也好，贬我也好，对我无所谓，我心如“云散月明”，也是“天容海色”，不需要点缀，我就是这么“澄清”。诗中更是充满了对海南的真挚情感。“九死南荒吾不恨，兹游奇绝冠平生”指海南风光是他平生所见的最美，在这里生活，就仿佛进行了一个奇特的旅游，令人终生难忘，即使死在这里也不后悔。

病逝常州葬汝州

在人生的最后，苏轼完全贯彻自然之道，不苛求所谓极乐来生。卒于常州，安息于汝州郏城。

元符三年(1100)，徽宗即位，大赦天下，苏轼也在被赦的名单内，自此终于结束了多年的被贬生涯，从儋州北归。

苏轼在岭南生活了七年，虽然总是受着瘴气的侵袭，但由于通晓医学，注意养生保健，身体状况还好。但在北归途中，一路几乎一年的时间都在船上度过，苏轼受到更多的还是湿热的煎熬，却没办法调理，加上年事已高，身体越来越虚弱，到了虔州就病倒了。同行人中好多也病了，体弱的几个病了以后就再没好转，相继离世，苏轼好不容易痊愈。

不久到真州，苏轼在金山寺看到李公麟给他的画像，回顾多舛的过去，感慨良多，于是作《自题金山画像》：

心似已灰之木，身如不系之舟。
问汝平生功业？黄州惠州儋州。

饱经浮沉，历经沧桑，生至暮年，诗中流露了苏轼的怆然之感和不平之气。

当时正值真州气候炎热，暑气熏蒸，水流污浊，瘴毒大作，苏轼不久再次病染沉疴。苏轼预感到自己来日无多。离开真州去常州，会见了老朋友钱济明，然后行止于常州，也就是苏轼曾经想买田置地安家，结果花了五百缗变得血本无归的地方。

七月中旬，苏轼感到自己大限将至，写信给杭州的老朋友维琳方丈说："岭南万里不能死，而归宿田野，遂有不起之忧，岂非命也夫！然生死亦细故尔，无只道者。"之后就卧床不起了。

七月十八，苏轼精神稍好，把三个儿子叫到床前说："吾生无恶，死必不坠，慎无哭泣以怛化。"意思说：我这辈子没有做过什么坏事，也没有做过什么亏心事，死后不会下地狱，我死后你们不要哭泣，因为那不是我所希望的。并嘱咐叫子由写墓志铭，要与妻子王闰之合葬在子由家附近的嵩山山麓。几天之后，苏轼似乎有点起色，勉强叫儿子扶着坐起，下床走了几步。

七月二十五日，已然没有康复的可能，老友维琳方丈前来探望，苏轼躺在床上，让维琳留在房间里陪伴自己说话。二十六日，苏轼写了最后一首诗。苏轼稍有精神，就和维琳两人轻声地谈佛法、谈生死。方丈劝苏轼念几首偈语，苏轼笑了笑，说："我在二十四史中的《后秦书》中，读过鸠摩罗什的传，像他这样的高僧，最后不也死了吗？"鸠摩罗什是奠定大乘佛法的印度高僧，在汉末来到中国，独立把印度佛经三百卷左右译成中文。他去世之前，有几个由天竺同来的僧友，尽心为他念梵文咒语。可即使这样，鸠摩罗什病况还是急剧恶化，不久死去。

七月二十八日，苏轼迅速衰弱下去，奄奄一息。全家聚在屋中。家人根据风俗在苏轼鼻尖上放一块棉花，好容易观察呼吸情况。

已至弥留之际，苏轼视听开始模糊，维琳长老和好友钱济明守候在榻旁。趁着苏轼神智稍缓，维琳俯下身子对着苏轼大声说："端明宜勿忘西方！"说学士你应该想着西方极乐世界！苏轼微弱的声音说："西方不无，但个里着力不得。"说西方极乐有没有我不太清楚，但我觉得为它而用力空想，我不愿意。另一边的钱济明着急了，也凑近苏轼耳畔大声说："固先生平时履践至此，更须着力！"说您平生尊奉佛法，诚心修炼，不就是为了今天的超脱吗？你必须用力啊！苏轼最后轻轻一语："着力即差。"如果刻意、勉强用力，就错了。

从生命即将走到尽头一番表达来看，苏轼道法自然的人生坚持清晰可见：解脱之道在于自然，在不知善而善。

临终时，儿子苏迈走上前去请示遗教，苏轼一言未发便去了。

苏轼有生之年没能实现在常州安家的愿望，却能在这里度过自己最后的日子，也算是一种人生的圆满吧。

苏轼仙逝的消息一经传出，"士民惜哲人之萎，朝野嗟一鉴之逝"。广大群众特别是士人君子十分悲痛。"浙西、淮南、京东、河北之民，相与哭于市"，"其君子，相与吊于家；讣闻四方，无贤愚皆咨嗟出涕"；杭州人民纷纷走上苏堤，进行悼念；太学生们也在寺院举斋志哀。

很多士大夫给苏轼写祭文，其中流传最广的是苏门六君子之一的李方叔所写的一段祭文："道大难容，才高为累。皇天后土，鉴平生忠义之心；名山大川，还千古英灵之气。识与不识，谁不尽伤；闻所未闻，吾将安放？"高度称颂了苏轼的道德和才识，深切抒发了对苏轼之死的哀痛。这段祭文传遍大江南北，世间"人无贤愚皆诵之"。苏门四学士之一的黄庭坚把苏轼的画像悬挂在屋中，奉苏轼为自己终身的榜样。

按照兄长的临终嘱托"即死，葬我嵩山下"，一年后，苏辙将苏轼和一直停放在京西寺院里的王闰之灵柩，一同迁葬于汝州郏城县钓台乡上瑞里崇阳峨眉山（即现在的河南郏县茨芭乡苏坟寺村），也帮助苏轼完成了曾经对王闰之"惟有同穴"的许诺。

俗话说"落叶归根"，苏轼把自己的墓地没有定在家乡，也没有定在向往的家园常州，却安排在毫不相干的河南，是不是有点匪夷所思呢？其实不然。这里面主要有两方面的原因。一个是现实的原因，苏轼晚年海南归来，生活困顿不堪，眉山老家在千里之遥，要归葬家乡是非常困难的。况且苏家老小都在京城附近的外地侍官奉君，眉山已经没有亲人，葬在那里实在不方便兄弟子孙扫墓祭奠。另一方面是感情的原因。粗略来看，苏轼和这个地方好像没什么交集，但是，稍微寻踪蹑迹，就可以发现，苏轼与这峨眉山其实渊源颇深。苏轼的故乡眉山南面二百多里外，是大峨眉山。峨眉天下秀，闻名遐迩。苏轼青年时代经常到峨眉游玩，与峨眉结下了深厚的感情。在中州郏城西北四十里处的嵩山之南，也有座堪与峨眉媲美的小山，这座山虽小，比不上峨眉山的大气磅礴，但也不失壮观，峰峦竞秀，姿态万千。小山背靠嵩山，面临汝水，自北向南分两支逶迤而下，宛若剑眉，美似四川峨眉山，遂名其为小峨眉山。苏轼登上仕途以后，辗转各地，陆路行走多次经过，这里的山川形胜早就印在心里了。而早年，苏轼的父亲苏洵就有“经行天下爱嵩洛，遂于买地居妻孥”之意。所以，迟暮之年，苏轼自然地选择了类似家乡峨眉山的崇阳峨眉山作墓地。

十一年以后，苏辙于政和二年(1112)卒于许昌，葬于此。其后，苏轼子孙也相继安葬在这里。到元代至正十二年(1352)，郏县尹杨允把苏洵的衣冠迁移过来，在苏轼、苏辙两兄弟的墓茔之间建了个衣冠冢，自此三苏相守，世上也开始有了“三苏坟”的称呼和圣地。

后 记

经过近三个月时断时续的写作，这本《苏轼故事》终于完工了，心里真的很高兴，也多少为写得还不够尽善尽美而感到遗憾。

2012年1月，师姐张桂琴电话里告诉我，导师毕宝魁老师让我们参与他主编的《唐宋八大家故事丛书》，听到这个消息，真是既感动又惶恐。从读硕士到工作，至今已十四年了，毕老师始终把我们当作自己的孩子一样，关心我们的工作、生活，甚至写书也会想到我们，所以心里充满感激。而自己虽然毕业后一直在讲授中国古代文学史、唐宋散文研究、唐诗宋词研究之类的课程，但此类选题只在刚毕业时写过，同时苏轼又是一个博大精深、幽默丰富的人，所以难免惶恐。但面对老师的信任，不想辜负，自当勉力。

对于苏轼，原本比较熟悉，但总担心记忆不够准确，于是尽己所能地找来他的集子、年谱、传记、论著认真研读，较为系统深入地掌握了他的情况，然后列出写作提纲，到了2月上旬开始正式动笔写作。先写好两篇发给导师看过，导师从格式到内容都进行了规范，并鼓励我继续认真写作。有导师的信任和鼓励，自然放宽心态，尽力去写，只是此间，事情多而杂，只能时断时续地写，直到今日方才完稿。

转眼已是春色满园，两场春雨，樱花满路，滨城掩映在一片绿树红花之中，看着小区中的盎然春意和自己两个多月敲出的文字，心中充满无限喜悦。

本书写作过程中，导师毕宝魁先生多次发邮件督促、指导，师姐张桂琴老师在写作思路上给我指点，并在完稿后帮我规范格式，修改题目、引言及字句，好友王洪波老师、于洋老师帮我翻检史料、谋划篇章，提供参考意见。在此一并深表谢意。

李　丽

2012 年 4 月 25 日于大连